U0789374

藏书

珍藏版

山海经

于立文 主编

贰

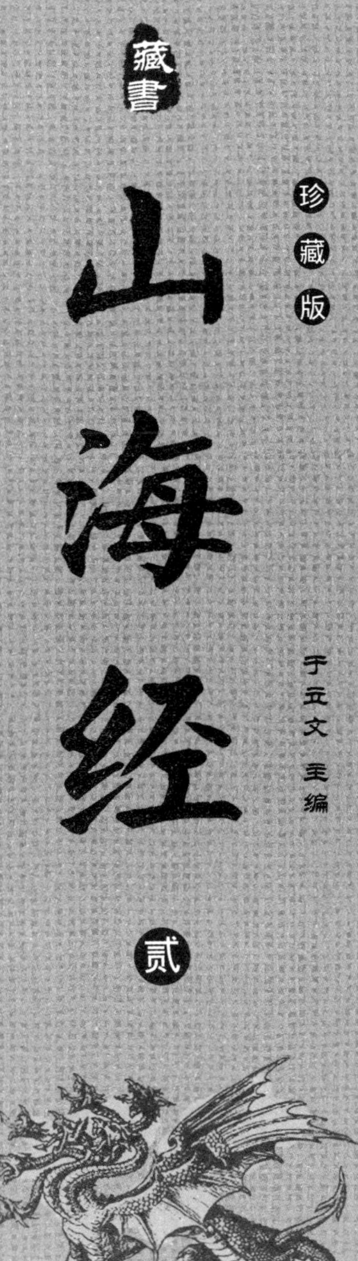

辽海出版社

目　录

二、北次二经

【导读】

《北次二经》中记载了从管涔山到敦题山共计十七座山的地理位置。它们大致位于今山西、河北、内蒙古以及蒙古国境内。

这些山中生活着无数的怪兽，有独角的勃马、虎齿人爪的狍鸮、马尾猪鬃的狚等。这列山系中还盛产各种各样的玉石及矿物。

【原文】

3.27　北次二经之首，在河之东，其首枕汾[1]，其名曰管涔之山[2]。其上无木而多草，其下多玉。汾水出焉，而西流注于河。

【注释】

[1]汾：汾河。

[2]管涔（cén）之山：管涔山，在今山西宁武县境内。

【译文】

北次二经中的首座山，位于黄河的东面，起始于汾河边上，名叫管涔山。山上没有树木，长着很多草，山下有很多玉。汾水发源于此山，向西流入黄河。

【原文】

3.28　又西二百五十里，曰少阳之山[1]，其上多玉，其下多赤银。酸水出焉[2]，而东流注于汾水[3]，其中多美赭[4]。

【注释】

①少阳之山：少阳山。一说即今山西关帝山。

②酸水：水名，今山西的文峪河。

③汾水：汾河。

④赭（zhě）：红土。

【译文】

再往北二百五十里有座山，名叫少阳山，山上有很多玉，山下有很多赤银。酸水由此山发源，向东流入汾河，水中有很多优质红土。

【原文】

3.29　又北五十里，曰县雍之山①，其上多玉，其下多铜，其兽多闾麋②，其鸟多白翟、白𪃆③。晋水出焉④，而东南流注于汾水⑤。其中多鮆鱼⑥，其状如儵而赤麟⑦，其音如叱⑧，食之不骄⑨。

【注释】

①县雍之山：县雍山，今山西晋祠西山。

②闾（lú）：兽名。一说即羭，指黑色母羊。麋：麋鹿。

③翟（dí）：长尾的野鸡。白𪃆（yǒu）：鸟名，白翰。

④晋水：水名，在今山西境内。

间

⑤汾水：汾河。

⑥鲚（jì）鱼：刀鱼。

⑦鲦（tiáo）：鱼名，白鲦。

⑧叱：大声呵斥。

⑨骄：一作"骚"，指狐臭。

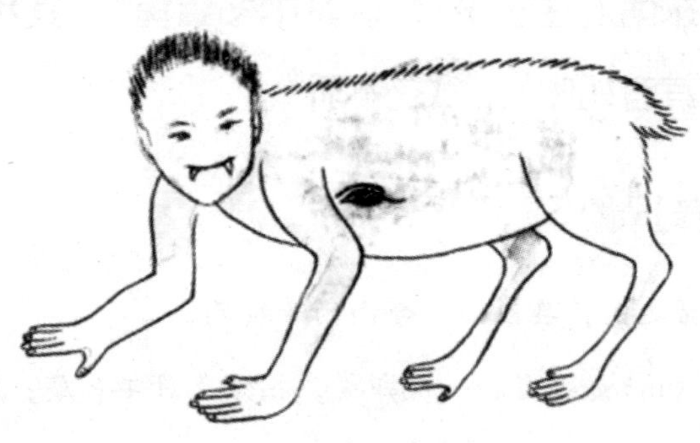

间　清　汪绂图本

【译文】

再往北五十里有座山，名叫县雍山，山上有很多玉，山下有很多铜，山中的野兽多为间和麋鹿，鸟类多为白色长尾野鸡和白翰。晋水发源于此，向东南流入汾河。水中有很多鮆鱼，形状像儵鱼，它的鳞片是红色的，发出的声音如人的呵斥声，吃了这种鱼的肉，可以消除狐臭。

儵鱼

儵鱼　清　汪绂图本

【原文】

3.30　又北二百里，曰狐岐之山①，无草木，多青碧②。胜水出焉③，而东北流注于汾水④，其中多苍玉⑤。

【注释】

①狐岐之山：狐岐山，在今山西孝义市西南。

②青碧：青色的玉石。

③胜水：水名，在今山西省境内。

④汾水：汾河。

⑤苍玉：灰白色的玉。

【译文】

再往北二百里有座山，名叫狐岐山，山中不长草木，有很多青色的玉石。胜水由此处发源，向东北流入汾河，水中有很多灰白色的玉。

【原文】

3.31　又北三百五十里，曰白沙山[1]，广员三百里，尽沙也，无草木鸟兽。鮪水出于其上[2]，潜于其下，是多白玉。

【注释】

①白沙山：山名。一说在今山西境内；一说在今河北境内。
②鮪（wěi）水：水名。

【译文】

再往北三百五十里有座山，名叫白沙山，这座山方圆三百里，四处都是沙子，不长草木，也没有鸟兽。鮪水由白沙山的上面发源，在山下潜流，水中有很多白玉。

《山海经》中名称	今　考
管涔之山	山西宁武县境内的管涔山
少阳之山	山西古交市、静乐县的界上的关帝山，又名南阳山
县雍之山	山西太原市西南晋祠西山
狐岐之山	大体在今山西孝义市西南
白沙山	在河北、内蒙古、山西的交界处
麋	麋鹿
白鹇	白翰
翟	长尾的野鸡
鯈	白鲦
鮆	刀鱼

（左侧竖排：山海经地理古今考）

【原文】

3.32　又北四百里，曰尔是之山[1]，无草木，无水。

【注释】

①尔是之山：尔是山。一说是今山西高阳县的老爷岭。

【译文】

再向北四百里有座山，名叫尔是山，山中没有草木，也没有水。

【原文】

3.33　又北三百八十里，曰狂山①，无草木。是山也，冬夏有雪。狂水出焉②，而西流注于浮水③，其中多美玉。

【注释】

①狂山：山名，在今大兴安岭南端。

②狂水：水名，今公吉尔河。

③浮水：水名，今内蒙古境内的达里河。

【译文】

再往北三百八十里有座山，名叫狂山，山中不长草木。这座山，冬、夏两季都会下雪。狂水发源于此，向西流入浮水，水中多有很多美玉。

【原文】

3.34　又北三百八十里，曰诸余之山①，其上多铜玉，其下多松柏。诸余之水出焉②，而东流注于㕮水③。

【注释】

①诸余之山：诸余山。今都图伦群山。

②诸余之水：诸余水。

③㕮（máo）水：水名，今克鲁伦河。

【译文】

再往北三百八十里有座山，名叫诸余山，山上有很多铜和玉，山下长着很多松柏。诸余水发源于此，向东流入㕮水。

【原文】

3.35　又北三百五十里，曰敦头之山①，其上多金玉，无草木。㳺水出焉，而东流注于印泽②。其中多𬳶马③，牛尾而白身，一角，其音如呼。

𬳶马

【注释】

①敦头之山：敦头山。一说在今内蒙古境内；一说在今山西省境内。

②印泽：水名。

③𬳶（bó）马：水兽名。

【译文】

再往北三百五十里有座山，名叫敦头山，山上有许多金和玉，山中不长草木。㳺水发源于敦头山，向东流入印泽。山中有许多马，长着牛一样的尾巴，全身白色，有一只角，发出的声音如同人在呼叫。

驳马　明　蒋应镐绘图本

【原文】

3.36　又北三百五十里，曰钩吾之山[1]，其上多玉，其下多铜。有兽焉，其状如羊身人面[2]，其目在腋下，虎齿人爪，其音如婴儿，名曰狍鸮[3]，是食人。

【注释】

①钩吾之山：钩吾山。一说在今山西省境内。

②如：疑为衍文。

③狍（páo）鸮（xiāo）：传说中的一种兽。

狍鸮

狍鸮　清　毕沅图本

【译文】

再往北三百五十里有座山，名叫钩吾山，山上有很多美玉，山下有很多铜。山中有一种野兽，形状是羊身人面，眼睛长在腋窝下面，有老虎一样的牙齿、人一样的指掌，发出的声音似婴儿的哭啼声，它的名字叫狍鸮，能吃人。

【狍鸮】

狍鸮就是饕餮，是一种食人怪兽。传说它特别贪吃，最后竟然把自己的身体也吃掉了，只剩下一个脑袋。所以在商周的青铜鼎上，只刻有它狰狞的头部：虎口大张，龇牙裂嘴，双目圆瞪。鼎最初是用来盛食物的，上面铸的饕餮纹是为了让人们引以为戒。后来几经变迁，饕餮图案所具有的凝重、神秘、恐怖的气氛，增加了它驱邪避祸的功能，符合人们求福避祸的心态；而它庄严肃穆、冷淡狰狞的表情，更是一种权力和地位的象征。所以，后来刻有饕餮的青铜器主要用于祭祀，是商周时期最重要的礼器之一，饕餮的形象也逐渐演变成一种祛邪的神物。如今，在民间仍可看到有些人家的大门上有饕餮饰物，用来惊吓其他鬼神。

【原文】

3.37　又北三百里，曰北嚣之山①，无石，其阳多碧②，其阴多玉。有兽焉，其状如虎，而白身犬首，马尾彘鬣③，名曰独㹨④。有鸟焉，其状如乌，人面，名曰鹭鹍⑤，宵飞而昼伏，食之已暍⑥。涔水出焉⑦，而东流注于邛泽⑧。

【注释】

①北嚣之山：北嚣山。一说在今山西省境内。

②碧：青绿色的玉石。

③鬣（liè）：兽类颈上的长毛。

④独㹨（yù）：传说中的一种兽。

鵁鶄

独狢

⑤鹜（pán）鹛（mào）：传说中的一种鸟。

⑥暍（yē）：中暑。

⑦涔（cén）水：水名。

⑧邛（qióng）泽：水名。

【译文】

再往北三百里，是北嚣山，山上没有石头，山的南坡多出产碧玉，山北面遍布玉石。山中有一种野兽，形状像普通的老虎，长着白色身子，狗的脑袋，马的尾巴，身上的毛像猪鬃，名叫独狢。还有一种禽鸟，体形像乌鸦，长着一副人脸，名称是鹛，它夜里飞行白天隐伏，吃了它的肉能防止中暑。涔水发源于此，向东流入邛泽。

【原文】

3.38　又北三百五十里，曰梁渠之山①，无草木，多金玉。修水出焉②，而东流注于雁门③。其兽多居暨④，其状如猬而赤毛，其音如豚⑤。有鸟焉，其状如夸父⑥，四翼、一目、犬尾，名曰嚣，其音如鹊，食之已腹痛，可以止衕⑦。

嚣

【注释】

①梁渠之山：梁渠山，在今内蒙古兴和县。

②修水：今内蒙古的东洋河。

③雁门：水名，今南洋河。

④居暨（jì）：短棘猬。

⑤豚：小猪。也泛指猪。

⑥夸父：鸟名，具体所指不详。

⑦衕（dòng）：腹泻。

【译文】

再往北三百五十里有座山，名叫梁渠山，山中不长草木，有很多金和玉，修水发源于此山，向东流入雁门水。山中的野兽多是居暨，它形状与刺猬相似，长着红色的毛，发出的声音如猪叫一般。山中有一种鸟，形状像夸父，长着四只翅膀、一只眼睛、狗一样的尾巴，这种鸟名叫嚣，它的叫声好似喜鹊的鸣叫，人们吃了它的肉可以治疗腹痛，还可以治疗腹泻。

嚣　清　汪绂图本

居暨

居暨　明　蒋应镐绘图本

【原文】

3.39　又北四百里，曰姑灌之山[①]，无草木。是山也，冬夏有雪。

292

【注释】

①姑灌之山：姑灌山。一说在今河北省境内。

【译文】

再往北四百里有座山，名叫姑灌山，山中不长草木。这座山上不管冬夏都会下雪。

【原文】

3.40　又北三百八十里，曰湖灌之山①，其阳多玉，其阴多碧②，多马。湖灌之水出焉③，而东流注于海④，其中多鲤⑤。有木焉，其叶如柳而赤理。

【注释】

①湖灌之山：湖灌山。今河北沽源县境内的大马群山。

②碧：青绿色的玉石。

③湖灌之水：湖灌水，上游即今白河，下游叫北运河。

④海：这里指渤海。

⑤鲤：鲤同“鳝”，指鳝鱼。

【译文】

再向北三百八十里有座山，名叫湖灌山，山的南面有很多玉，北面有许多青绿色的玉石，山中有很多马。湖灌水发源于此山，向东流入渤海，水中有许多鳝鱼。山中长着一种树，叶子像柳树叶，（树上）有红色的纹理。

	《山海经》中名称	今　考
山海经 地　理 古今考	梁渠之山	位于内蒙古境内兴和县
	湖灌之山	河北省境内的大马群山
	豚	小猪，也泛指猪
	鮨	鳝　鱼

【原文】

3.41　又北水行五百里，流沙三百里，至于洹山[1]，其上多金玉。三桑生之[2]，其树皆无枝，其高百仞[3]。百果树生之。其下多怪蛇。

294

【注释】

①洹（huán）山：山名。一说在今内蒙古境内。

②三桑：三棵桑树。

③仞：古代以七尺或八尺为一仞。

【译文】

再往北行五百里水路，经过三百里流沙，便到了洹山，山上有很多金和玉。山中长着三棵桑树，树干上没有枝条，高达百仞。山上还生长着各种果树。山下有很多怪蛇。

【原文】

3.42 又北三百里，曰敦题之山^①，无草木，多金玉。是錞于北海^②。

【注释】

①敦题之山：敦题山。一说在今俄罗斯境内。

②錞（chún）：这里指蹲踞。北海：水名。一说这里指贝加尔湖。

【译文】

再往北三百里有座山，名叫敦题山，山中不长草木，有很多金和玉。这座山蹲踞于北海的岸边。

【原文】

3.43　凡北次二经之首，自管涔之山至于敦题之山，凡十七山，五千六百九十里。其神皆蛇身人面。其祠：毛用一雄鸡、彘瘗①；用一璧一珪②，投而不糈。

【注释】

①毛：祭祀用的带毛的动物。

②璧：平圆形中间有孔的玉，古代在典礼时用作礼器，亦可作饰物。珪：古代祭祀时用的条状玉器，上尖下方。

【译文】

总计北次二经中的山，自第一座管涔山起到敦题山止，总

共十七座山，距离为五千六百九十里。这些山的山神都是蛇身人面。祭祀这些山神的仪式为：带毛的动物用一只雄鸡和一头猪，把它们作为祭品埋入地下；用一块璧和一块珪，将它们投向山中，祭祀时不用精米。

蛇身人面神

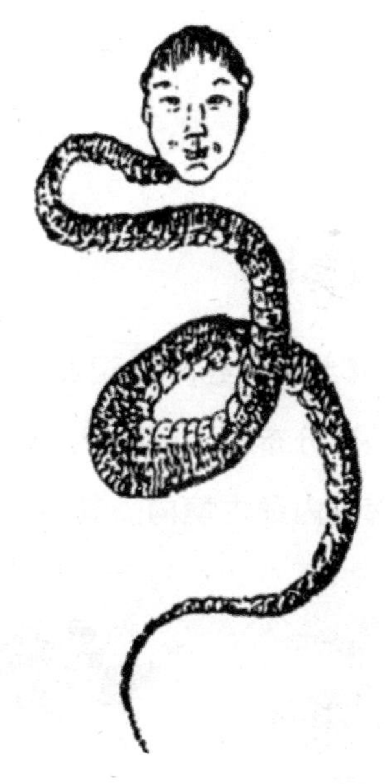

蛇身人面神　清　汪绂图本

山海经地理古今考	《山海经》中名称	今　考
	洹　山	一说在今蒙古境内，具体所指待考
	敦题之山	一说在今俄罗斯境内，具体所指待考

三、北次三经

【导读】

《北次三经》中记载了从太行山到无逢山共计四十六座山的地理分布、山川物产。这些山大致分布在今天的山西、河北、河南、内蒙古境内。其中为大家所熟知的有太行山、王屋山、

燕山等。经中提到了"精卫填海"的神话，并且记载了各种飞禽走兽。如能飞翔的天马、健壮威武的领胡、一身兼具雌雄二性的象蛇、四翅六眼三只脚的酸与、歌声美妙的黄莺等。

【原文】

3.44　北次三经之首，曰太行之山[1]。其首曰归山[2]，其上有金玉，其下有碧[3]。有兽焉，其状如羚羊而四角，马尾而有距[4]，其名曰䑏[5]，善还[6]，其鸣自訆[7]。有鸟焉，其状如鹊，白身、赤尾、六足，其名曰鶺[8]，是善惊，其鸣自詨。

䑏

【注释】

①太行之山：山西高原和河北平原之间的太行山。

②归山：山名。

③碧：青绿色的玉石。

④距：雄鸡爪后面突出像脚趾的部分。

⑤䵣（hún）：传说中的一种兽。

⑥还（xuán）：旋转。

⑦訆（jiào）：同"叫"，大声叫唤。

⑧鹒鸟（bēn）：传说中的一种鸟。

鹒鸟

【译文】

北次三经中的首列山系，名叫太行山。太行山中的第一座山名叫归山，山上有金和玉，山下有青绿色的玉石。山中有一

种野兽，形状像羚羊，头上有四只角，长着马一样的尾巴、鸡一样的爪子，它的名字叫驿，这种兽善于旋转起舞，发出的声音像是在自呼其名。山中有一种鸟，它的形状像喜鹊，身上有白色的羽毛，长着红色的尾巴，六只脚，它的名字叫鹅，这种鸟十分容易受惊，发出的叫声像是在喊自己的名字。

【原文】

3.45　又东北二百里，曰龙侯之山[1]，无草木，多金玉。决决之水出焉[2]，而东流注于河。其中多人鱼[3]，其状如鳛鱼[4]，四足，其音如婴儿，食之无痴疾。

【注释】

[1]龙侯之山：龙侯山今刑台五指山。

[2]决决之水：决决水。一说指今河南济源市的淇河，俗称白涧河。

[3]人鱼：指大鲵。

[4]鳛（tí）鱼：指鲇鱼。

【译文】

再往东北二百里有座山，名叫龙侯山，山上不长草木，有很多金和玉。决决水发源于此山，向东流入黄河。水中有很多大鲵，它的形状像鲇鱼，身上长着四只脚，发出的声音就像婴儿的哭啼声，人吃了它的肉就不会得痴呆病。

鲼鱼

大鲵

	《山海经》中名称	今 考
山海经 地 理 古今考	太行之山	山西高原和河北平原之间的太行山
	归 山	指陕西阳城与河南济源的分界山——大乐岭
	龙侯之山	今位于邢台沙河市最西端的五指山

【原文】

3.46　又东北二百里，曰马成之山①，其上多文石，其阴多金玉。有兽焉，其状如白犬而黑头，见人则飞，其名曰天马，其鸣自訆②。有鸟焉，其状如乌，首白而身青、足黄，是名曰鶌鶋③，其鸣自詨④，食之不饥，可以已寓⑤。

天马

【注释】

①马成之山：马成山。一说在今山西境内；一说在今河南境内。

②訆（jiào）：同"叫"，大声叫唤。

③鹛（jū）鹠（jū）：斑鸠。

④詨：呼叫。

⑤已：治愈。窝：一说指老年健忘症；一说指疣病。

斑鸠

【译文】

再往东北二百里有座山，名叫马成山，山上有很多带有花纹的石头，山的北面有很多金和玉。山中有一种野兽，它的形状像白色的狗，长着黑色的脑袋，见到人就腾空飞起，它的名字是天马，它的叫声像是在自呼其名。山里有一种鸟，它的外形像乌鸦，脑袋是白色的，身子是青色的、脚爪是黄色的，这种鸟名叫鶌鶋，它叫起来像是在喊自己的名字，人们吃了它的肉就不会再感到饥饿，还可以治疗疣子。

【原文】

3.47　又东北七十里，曰咸山①，其上有玉，其下多铜，是多松柏，草多芷草②。条菅之水出焉③，而西南流注于长泽④。其中多器酸⑤，三岁一成，食之已疠⑥。

【注释】

①咸山：山名。一说是河南张岭山；一说在今山西省南部。

②芷（zǐ）草：紫草。

③条菅之水：条菅水。一说在今山西省南部解州附近的水流。

④长泽：水名。一说指今山西省南部解池周围的盐沼泽地。

⑤器酸：一说可能是一种味酸的食物；一说可能是一种

植物。

⑥疠：恶疮；瘟疫。

【译文】

再往东北七十里有座山，名叫咸山，山上有很多玉，山下有很多铜，山里长着许多松柏，山中的草多为紫草。条菅水发源于此山，向西南流入长泽。水中有很多器酸，它三年才成熟一次，吃了它能治疗恶疮。

【鳛鱼】

就是大鲵，因其叫声如婴儿啼哭，所以俗称娃娃鱼，是一种珍贵的两栖类动物。相传东汉末年，一位五十多岁的老人为逃避战乱，带着妻子来到了荒无人烟的武陵山区。老两口身体虚弱、饥寒交迫，眼看已经走投无路了，就在他们准备投水自

尽之际，忽然发现澧水尽头的深渊中有一群长着四条腿的鱼，于是钓来几尾充饥。没想到，这种鱼不但肉味鲜美，而且两人吃完之后，如同枯木逢春，白发变黑发，脱落的牙齿又重新长出。之后，他们一直居住在这里，还生下了几个孩子。一天，道教创教人张道陵寻药来此，向这位老者讨要一碗汤喝，喝下之后顿感体轻气爽。忽然一道光闪过，道士眼前浮现出两条鱼头尾相交的景象。之后，老者向他讲述了自己的离奇经历。道士听后到深渊中察看，顿悟了阴阳变化的玄机，由此创建了太极图，并给这种鱼起名为大鲵，意思是送儿的鱼。

【原文】

3.48　又东北二百里，曰天池之山[1]，其上无草木，多文石。有兽焉，其状如兔而鼠首，以其背飞，其名曰飞鼠。渑水出焉[2]，潜于其下，其中多黄垩[3]。

【注释】

①天池之山：天池山，在今山西南部。

②渑（shéng）水：水名，在今山西南部。

③垩（è）：可用来涂饰的有色土。

飞鼠

飞鼠　明　蒋应镐绘图本

【译文】

再向东北二百里有座山，名叫天池山，山上不长草木，有许多带有花纹的石头。山中有一种兽，形状似兔子，头部像老鼠，它能借助（自己的）背部飞行，这种兽名叫飞鼠。滠水发源于此，在山底下潜流，水中有很多可做涂料的黄色土。

【原文】

3.49　又东三百里，曰阳山①，其上多玉，其下多金铜。有兽焉，其状如牛而赤尾，其颈䯱②，其状如句瞿③，其名曰领胡，其鸣自詨④，食之已狂⑤。有鸟焉，其状如雌雉而五采以文，是自为牝牡⑥，名曰象蛇，其鸣自詨。留水出焉⑦，而南流注于河。其中有𩶁父之鱼⑧，其状如鲋鱼⑨，鱼首而彘身⑩，食之已呕。

鲐父鱼　清　汪绂图本

【注释】

①阳山：山名。一说在今江苏省常熟市内；一说在今山西省南部。

②胗（shèn）：肉隆起的样子。

③句瞿：所指待考。一说指斗。

④詨：呼叫。

⑤已：治愈。狂：癫狂病。

⑥牝牡：雌性和雄性。

⑦留水：水名。一说指今沙涧河。

⑧鲢（xiàn）父之鱼：鲐父鱼。

⑨鲋（fù）鱼：鲫鱼。

⑩豕：猪。

领胡

【译文】

再往东三百里有座山，名叫阳山。山上有很多玉，山下有很多金和铜。山中有一种野兽，形状似牛，长着红色的尾巴，颈部有块隆起的肉，形状如斗一般，这种兽名叫领胡，它发出的叫声像是在自呼其名，吃了它的肉可以治疗癫狂症。山中有一种鸟，形状与雌野鸡相似，身上花纹五彩斑斓，这种鸟雌雄

同体，名叫象蛇，它叫起来像在叫自己的名字。留水发源于此山，向南流入黄河。水中有鲐父鱼，它的形状像鲫鱼，长着鱼一样的头，猪一样的身子，吃了它的肉可以治疗呕吐。

象蛇

象蛇　明　蒋应镐绘图本

【原文】

3.50　又东三百五十里，曰贲闻之山^①，其上多苍玉^②，其下多黄垩^③，多涅石^④。

【注释】

①贲（fén）闻之山：贲闻山，在今河南省境内。

②苍玉：灰白色的玉。

③垩（è）：可用来涂饰的有色土。

④涅石：黑矾石。

【译文】

再向东三百五十里有座山，名叫贲闻山。山上有很多灰白色的玉，山下有很多可做涂料的黄色土，还有许多黑色矾石。

	《山海经》中名称	今　考
山海经地理古今考	天池之山	今山西析城山
	阳　山	一说是今江苏省常熟市的虞山；一说在今山西南部
	贲闻之山	河南省济源市的岱嵋山
	鳙鱼	鲇鱼
	鲋鱼	鲫鱼

【原文】

3.51　又北百里，曰王屋之山[①]，是多石。㴉水出焉[②]，而西北流于泰泽。

【注释】

①王屋之山：王屋山，在今山西垣县和河南济源市之间。
②㴉（lián）水：水名。

【译文】

再往北一百里有座山，名叫王屋山，山中有许多石头。㴉水发源于此，向西北流入泰泽。

【原文】

3.52　又东北三百里，曰教山[①]，其上多玉而无石。

教水出焉②，西流注于河，是水冬干而夏流，实惟干河。其中有两山，是山也，广员三百步，其名曰发丸之山③，其上有金玉。

【注释】

①教山：今山西历山。

②教水：水名，在今山西垣曲县。

③发丸之山：发丸山。此山应该是一座产铜的山。

【译文】

再往东北三百里有座山，名叫教山，山上有很多玉，没有石头。教水发源于此山，向西流入黄河，教水冬季干枯，夏季才有水流，其实可以说是一条干河。教水流经两座山，方圆为三百步，山名叫做发丸山，山上有金和玉。

【原文】

3.53　又南三百里，曰景山^①，南望盐贩之泽^②，北望少泽^③。其上多草、薯藇^④，其草多秦椒^⑤；其阴多赭^⑥，其阳多玉。有鸟焉，其状如蛇而四翼、六目、三足，名曰酸与，其鸣自詨，见则其邑有恐。

【注释】

①景山：山名，在今山西闻喜县。

②盐贩之泽：盐贩泽，今山西南部的解池。

③少泽：水名，在今山西南部。

④薯藇（yù）：山药。

⑤秦椒：这里指辣椒。

⑥赭（zhě）：红土。

【译文】

再往南三百里有座山，名叫景山。（在景山上）向南可以望见盐贩泽，向北可以看到少泽。山上生长着很多草和山药，所长的草多为辣椒；山的北面有很多红土，南面有很多玉。山里有一种鸟，形状与蛇相似，长有四只翅膀，六只眼睛，三只脚，名字叫酸与，它发出的叫声像是在喊自己名字，它在哪里出

薯藇

316

现，哪里就会有使人惊恐的事情发生。

酸与　清　毕沅图本

酸与

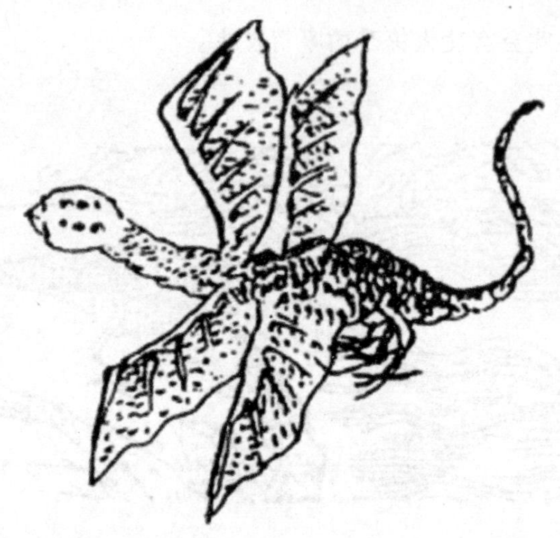

酸与　清　汪绂图本

【原文】

3.54　又东南三百二十里，曰孟门之山①，其上多苍玉②，多金；其下多黄垩，多涅石。

【注释】

①孟门之山：孟门山，在今山西省长治市。
②苍玉：灰白色的玉。

【译文】

再向东南三百二十里有座山，名叫孟门山。山上有许多灰白色的玉，还有很多黄金；山下有很多可做涂料的黄色土，还有许多黑色矾石。

【原文】

3.55　又东南三百二十里，曰平山[1]。平水出于其上[2]，潜于其下，是多美玉。

【注释】

①平山：山名，今山西姑射山。
②平水：水名，发源于姑射山，向东流入汾河。

【译文】

再往东南三百二十里有座山，名叫平山。平水发源于平山的上面，在山下潜流，这一带有很多美玉。

【原文】

3.56　又东二百里，曰京山[①]，有美玉，多漆木，多竹。其阳有赤铜，其阴有玄碡[②]。高水出焉[③]，南流注于河。

【注释】

①京山：山名，在今山西省境内。

②玄：黑色。碡（sù）：磨刀石。

③高水：水名。一说应作"京水"，指浍河。

【译文】

再往东二百里有座山，名叫京山。山中有美玉，长有许多漆树，还长着许多竹子。山的南面有赤铜，北面有黑色磨刀石。高水由此山发源，向南注入黄河。

	《山海经》中名称	今　考
山海经地理古今考	孟门之山	山西省长治市东南部地区的壶山，又名壶口山
	平　山	山西省临汾市西部的姑射山
	京　山	山西省翼城县的霍山

【原文】

3.57　又东二百里，曰虫尾之山①，其上多金玉，其下多竹，多青碧②。丹水出焉③，南流注于河；薄水出焉④，而东南流注于黄泽⑤。

【注释】

①虫尾之山：虫尾山。一说在今山西晋城市北。
②青碧：青色的玉石。
③丹水：水名，流经山西高平市、晋城市，在河南沁阳流入沁河。
④薄水：水名。一说是今波河。
⑤黄泽：水名。

【译文】

再往东二百里有座山，名叫虫尾山。山上有很多金和玉，山下有很多竹子，还有很多青色的玉石。丹水发源于虫尾山，向南流入黄河；薄水也由此处发源，向东南流入黄泽。

【原文】

3.58　又东三百里，曰彭毗之山①，其上无草木，多金玉，其下多水。蚤林之水出焉，东南流注于河。肥水出焉，而南流注于床水②，其中多肥遗之蛇③。

【注释】

①彭毗（pí）之山：彭毗山。一说在今山西省境内；一说在今河南省境内。

②床水：水名。一说指今河南淇水。

③肥遗之蛇：肥遗蛇。传说中的蛇，一首二身。

肥遗之蛇

【译文】

再向东三百有座山，名叫彭毗山。山上不长草木，有许多金和玉，山下有许多水。蚤林水发源于此，向东南流入黄河。肥水也从由此处发源，向南流入床水，水中有很多名叫肥遗的蛇。

【原文】

3.59　又东百八十里，曰小侯之山①。明漳之水出焉②，南流注于黄泽。有鸟焉，其状如乌而白文，名曰鸪鹍③，食之不灂④。

鸪鹍

【注释】

①小侯之山：小侯山，在今河南北部。

②明漳之水：明漳水。一说指今河南汤河；一说指鹤壁河。

③鸪（gū）鹍（xí）：鹧鸪。

④灂（jiào）：眼睛昏蒙。

鹧鸪

【译文】

再往东一百八十里有座山，名叫小侯山。明漳水发源于这座山，向南流入黄泽。山中有一种鸟，形状似乌鸦，身上有白色花纹，这种鸟名叫鸲鹊，吃了它的肉，人的眼睛就不会昏花。

汤河

【原文】

3.60　又东三百七十里，曰泰头之山。共水出焉[1]，南注于虖沱[2]。其上多金玉，其下多竹箭[3]。

【注释】

[1]泰头之山：泰头山。一说在今河南省境内；一说在今山西省境内。

[2]虖沱：今河北省北部的滹沱河。

[3]竹箭：细竹。

【译文】

再往东三百七十里有座山，名叫泰头山。共水发源于此山，向南流入虖沱河。山上有很多金和玉，山下长着很多小竹子。

【原文】

3.61　又东北二百里，曰轩辕之山[1]，其上多铜，其下多竹。有鸟焉，其状如枭而白首[2]，其名曰黄鸟，其鸣自詨，食之不妒。

【注释】

①轩辕之山：轩辕山。一说在今河北省境内；一说在今山西省境内。

②枭：猫头鹰一类的鸟。

【译文】

再往东北二百里有座山，名叫轩辕山。山上有很多铜，山下长着许多竹子。山中有一种鸟，它形状似猫头鹰，长着白色的脑袋，名字叫做黄鸟，它的叫声像是在喊自己的名字，吃了它的肉，人们就不会再生妒嫉之心。

【原文】

3.62　又北二百里，曰谒戾之山^①，其上多松柏，有金玉。沁水出焉^②，南流注于河。其东有林焉，名曰丹林。丹林之水出焉^③，南流注于河。婴侯之水出焉^④，北流注于氾水^⑤。

【注释】

①谒戾（lì）之山：谒戾山。一说在今河北省境内；一说在今山西省境内。

②沁水：今沁河。

③丹林之水：今丹河。

④婴侯之水：婴侯水。一说是今山西平遥县东南的中都山。

⑤氾（sì）水：水名。一说是今山西平遥县东部的贺河。

【译文】

再向北二百里有座山，名叫谒戾山，山上长着很多松柏，还有金和玉。沁水发源于此，向南流入黄河。这座山的东面有一片树林，叫做丹林。丹林水便由这一带发源，向南流入黄河。婴侯水也由此处发源，向北流入氾水。

山海经地理古今考	《山海经》中名称	今 考
	彭之山	一说是今山西省灵川县东部的三雍山；一说在今河南省境内
	泰头之山	山西省五台山的北台山
	轩辕之山	一说在今河北省献县；一说是今山西省王屋山中的一座山
	谒戾之山	一说是今河北省的羊头山；一说是今山西省的太岳山
	枭	猫头鹰一类的鸟
	鸤鹊	鹛鸲

【原文】

3.63　东三百里，曰沮洳之山[①]，无草木，有金玉。

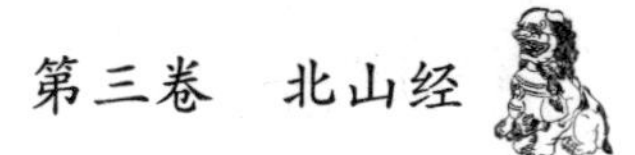

瀑水出焉②，南流注于河。

【注释】

①沮（jù）洳（rù）之山：沮洳山。一说是今河南北部的大号山；一说是今山西陵川县东北的棋子山。

②瀑（qí）水：今河南北部的淇水。

【译文】

往东三百里有座山，名叫沮洳山。山上不长草木，有金和玉。瀑水发源于此，向南流入黄河。

【原文】

3.64　又北三百里，曰神囷之山①，其上有文石，其下有白蛇，有飞虫。黄水出焉②，而东流注于洹③。滏水出焉④，而东流注于欧水⑤。

【注释】

①神囷（qūn）之山：神囷山，今河南省临渭区的石鼓山。

②黄水：今河南安阳河的上源。

③洹（huán）：今河南安阳河的一部分。

④滏（fǔ）水：今河南安阳河的一部分。

⑤欧水：水名，今河北西部的滏阳河。

【译文】

再向北三百里有座山，名叫神困山。山上有带花纹的石头，山下有白蛇，还有飞虫。黄水发源于此，向东流入洹水。滏水也由此处发源，向东流入欧水。

【原文】

3.65　又北二百里，曰发鸠之山[1]，其上多柘木[2]。有鸟焉，其状如乌，文首、白喙、赤足[3]，名曰精卫，其鸣自。是炎帝之少女[4]，名曰女娃。女娃游于东海，溺而不返，故为精卫，常衔西山之木石，以堙于东海[5]。漳水出焉[6]，东流注于河。

精卫

【注释】

①发鸠之山：发鸠山，在今山西长子县。

②柘（zhè）木：柘树。

③喙：鸟兽的嘴。

④炎帝：上古姜姓部落的首领，号烈山氏。

⑤堙（yīn）：填塞。

⑥漳水：今河南、河北交界处的漳河。

精卫　明　蒋应镐绘图本

女娃落水

【译文】

再向北二百里有座山，名叫发鸠山，山上有很多柘树。山中有一种鸟，形状似乌鸦，长着带有花纹的脑袋、白色的嘴、红色的足爪，名字叫精卫，它的叫声像是在喊自己的名字。精卫原是炎帝的小女儿，名叫女娃。有一次女娃去东海游玩，不慎溺入海里，再也没有返回，所以她（死后）化身为精卫鸟，常常衔来西山的树枝和石子，想把东海填平。漳水发源于发鸠山，向东流入黄河。

【精卫填海】

精卫原是炎帝最宠爱的小女儿，名叫女娃。有一天，炎帝不在家，女娃想到太阳升起的地方——东海去看一看，于是她自己驾着一只小船向东海划去。不幸的是，海上突然起了风暴，山一样的海浪吞没了女娃的小船，女娃不幸遇难。女娃死后，她的精魂化作一只鸟，长着花脑袋、白嘴壳、红爪子，叫声像是在喊"精卫、精卫"，所以人们就把这种鸟叫精卫。精卫痛恨大海夺去了自己年轻的生命，为了阻止大海再淹死人，她不停地从发鸠山上衔来小石子和树枝投入海中，长年累月，从不停息，决心要把东海填平。后来，一只海燕飞过东海，为精卫的精神所感动，便与她结为夫妻，生了许多小鸟，雌鸟像精卫，雄鸟像海燕。小精卫们跟随妈妈一起衔石填海，直到今日依然如此。

精卫宏伟的志向、锲而不舍的精神以及她的善良无不受到

人们的尊敬。晋陶渊明在诗中写道"精卫衔微木，将以填沧海"，赞扬了精卫鸟敢于同大海抗争的悲壮精神。后世也常用"精卫填海"赞美人不畏艰难，意志坚定。

精卫填海

【原文】

3.66　又东北百二十里，曰少山①，其上有金玉，其下有铜。清漳之水出焉②，东流于浊漳之水③。

【注释】

①少山：山名，在今山西省境内。

②清漳之水：清漳水，漳河的源头之一。

③浊漳之水：浊漳水，漳河的源头之一。

【译文】

再向东北一百二十里有座山，名叫少山，山上有金和玉，山下有铜。清漳水发源于此山，向东流入浊漳水。

【原文】

3.67　又东北二百里，曰锡山[1]，其上多玉，其下有砥[2]。牛首之水出焉[3]，而东流注于滏水[4]。

【注释】

①锡山：山名，在今河北省境内。

②砥：较细的磨刀石。

③牛首之水：牛首水。

④滏（fǔ）水：今河南安阳河的一部分。

【译文】

再往东北二百里有座山，名叫锡山，山上有很多玉，山下有细的磨刀石。牛首水发源于锡山，向东流入滏水。

【原文】

3.68　又北二百里，曰景山[1]，有美玉。景水出焉[2]，东南流注于海泽。

【注释】

①景山：山名，在今河北境内。
②景水：今洺河。

【译文】

再向北二百里有座山，名叫景山，山上有很多玉。景水发源于此山，向东南流入海泽。

【原文】

3.69　又北百里，曰题首之山[1]，有玉焉，多石，无水。

【注释】

①题首之山：题首山，在今河北省境内。

【译文】

再往北一百里有座山，名叫题首山，山中有玉，有很多石头，没有水。

【原文】

3.70　又北百里，曰绣山[1]，其上有玉、青碧[2]，其木多栒[3]，其草多芍药、芎䓖[4]。洧水出焉[5]，而东流注于河，其中有鳠、黾[6]。

【注释】

①绣山：山名。在今河北境内。

②青碧：青色的玉石。

③栒（xún）：栒子木。

④芎（xiōng）䓖（qióng）：川。

⑤洧（wěi）水：水名。

⑥鳠（hù）：鱼名。一说指绵河，源出山西省境内。黾：
蛙的一种。

鳠　　　　　　　　　　　黾

【译文】

再往北一百里有座山，名叫绣山，山上有玉以及青色的玉
石，山中生长的树木多是栒子木，生长的草多为芍药、芎。洧
水发源于此处，向东流入黄河，水中有鳠鱼和黾。

山海经地理古今考	《山海经》中名称	今　考
	锡　山	在今河北省邯郸市内
	景　山	在今河北省武安市内
	发鸠之山	在今山西省境内
	鳠	鱼名，似鲇，体较细长，无鳞
	黾	蛙的一种

【原文】

3.71　又北百二十里，曰松山[1]。阳水出焉，东北流注于河。

【注释】

①松山：山名，在今河北境内。

【译文】

再往北一百二十里有座山，名叫松山。阳水发源于此山，向东北流入黄河。

松山

【原文】

3.72　又北百二十里，曰敦与之山①，其上无草木，有金玉。滫水出于其阳②，而东流注于泰陆之水③；泜水出于其阴④，而东流注于彭水⑤；槐水出焉，而东流注于泜泽⑥。

【注释】

①敦与之山：敦与山，在今河北省西部。

②滫（suò）水：水名，在今河北省内丘县境内。一说即今河北内丘县的柳林河。

③泰陆之水：泰陆水，今大陆泽。

④泜（zhǐ）水：今河北泜河。

⑤彭水：水名，在今河北省西南部的沙沟水。

⑥槐水：水名，在今河北省赞皇县境内。

⑦泜泽：水名，在今河北省境内。

【译文】

再向北一百二十里有座山，名叫敦与山，山上不长草木，有金和玉。滚水发源于敦与山的南面，向东注入泰陆水；泜水由敦与山的北面发源，向东流入彭水；槐水也发源于此山，向东流入泜泽。

【原文】

3.73　又北百七十里，曰柘山[1]，其阳有金玉，其阴有铁。历聚之水出焉[2]，而北流注于洧水[3]。

【注释】

①柘（zhè）山：山名，在今河北省境内。

②历聚之水：水名，今拒马河。

③洧（wěi）水：水名，一说指绵河，源出山西省境内。

【译文】

再往北一百七十里有座山，名叫柘山，山的南面有金和玉，山的北面有铁。历聚水发源于柘山，向北流入洧水。

【原文】

3.74　又北三百里，曰维龙之山[①]，其上有碧玉，其阳有金，其阴有铁。肥水出焉[②]，而东流注于皋泽[③]，其中多礨石[④]。敞铁之水出焉，而北流注于大泽。

【注释】

①维龙之山：维龙山，在今河北省境内。

②肥水：今河北藁城市㴲河。

③皋泽：水名，可能是明清时宁晋泊的西北部。

④礨（lěi）石：巨石。

【译文】

再往北三百里有座山，名叫维龙山，山上有碧玉，山的南面有金，北面有铁。肥水发源于此山，向东流入皋泽，水中有很多巨石。敞铁水也由此处发源，向北流入大泽。

【原文】

3.75　又北百八十里，曰白马之山[①]，其阳多石玉，其阴多铁，多赤铜。木马之水出焉[②]，而东北流注于虖沱[③]。

【注释】

①白马之山：白马山，在今河北盂县境内。

②木马之水：今牧马河。

③虖（hū）沱：今滹沱河。

【译文】

再往北一百八十里有座山，名叫白马山，山的南面有很多石头和玉，北面有很多铁，还有很多赤铜。木马水发源于此山，向东北流入滹沱。

【原文】

3.76　又北二百里，曰空桑之山①，无草木，冬夏有雪。空桑之水出焉②，东流注于虖沱③。

【注释】

①空桑之山：今山西省的云中山。

②空桑之水：今山西省的云中水。

③虖（hū）沱：今滹沱河。

拣拣

【译文】

再往北二百里有座山，名叫空桑山，山中不长草木，不管冬季、夏季都会下雪。空桑水由此山发源，向东流入滹沱。

【原文】

3.77　又北三百里，曰泰戏之山[1]，无草木，多金玉。有兽焉，其状如羊，一角一目，目在耳后，其名曰拣拣[2]，其鸣自訓。虖沱之水出焉，而东流注于溇水[3]。液女之水出于其阳，南流注于沁水。

【注释】

①泰戏之山：泰戏山，在今山西省境内。

②辣（dōng）辣：传说中的一种兽。

③溇（lóu）水：水名。一说是今河北省西部的鹿泉河。

辣辣　明　蒋应镐绘图本

【译文】

再向北三百里有座山，名叫泰戏山，山中不长草木，有很多金和玉。山中有一种野兽，形状似羊，长着一只角、一只眼睛，眼睛还长在耳朵后面，名叫辣辣，它发出的叫声就像是在喊自己的名字。滹沱水发源于此，向东流入溇水。液女水发源于此山的南面，向南流入沁水。

【原文】

3.78　又北三百里，曰石山，多藏金玉。濩濩之水出焉①，而东流注于虖沱；鲜于之水出焉②，而南流注于虖沱。

【注释】

①濩（huò）濩之水：濩濩水。一说在今河北省西部的大沙河。

②鲜于之水：鲜于水。一说即今源出于五台山西南的清水河。

【译文】

再向北三百里有座山，名叫石山，山中有很多优质的金和玉。濩濩水发源于石山，向东流入虖沱；鲜于水也由此处发源，向南流入淖沱。

【原文】

3.79　又北二百里，曰童戎之山。皋涂之水出焉，而东流注于溇液水①。

【注释】

①溇（lóu）液水：水名。一说可能指溇水和液水。

【译文】

再往北二百里有座山，名叫童戎山。皋涂水发源于此山，向东流入潦液水。

【原文】

3.80　又北三百里，曰高是之山[1]。滋水出焉[2]，而南流注于虖沱。其木多棕[3]，其草多条[4]。滱水出焉[5]，东流注于河。

【注释】

①高是之山：高是山。一说在今山西灵丘县西北。

②滋水：今滋河。

③棕：棕榈。

④条：草名，蜀葵。

⑤滱（kòu）水：水名，上游即今河北定州市以上唐河。

【译文】

再向北三百里有座山，名叫高是山。滋水发源于此，向南流入滹沱。山中的树木多是棕树，山中生长的草多为条草。滱水由此处发源，向东流入黄河。

【原文】

3.81 又北三百里，曰陆山[①]，多美玉。郖水出焉[②]，而东流注于河。

【注释】

①陆山：山名。一说在今河北省境内。
②郖（jiāng）水：水名，今南洋河。

【译文】

再往北三百里有座山，名叫陆山，山中有很多美玉。郖水发源于陆山，向东流入黄河。

【原文】

3.82　又北二百里，曰沂山①。般水出焉②，而东流注于河。

【注释】

①沂山：山名。一说在今河北唐县东北。
②般水：水名。一说即今河北唐县东北的望都河。

【译文】

再往北二百里有座山，名叫沂山。般水由沂山发源，向东流入黄河。

【原文】

3.83　北百二十里，曰燕山①，多婴石②。燕水出焉③，东流注于河。

【注释】

①燕山：山名。一说在今蒙古高原；一说在今河北平原县。

②婴石：一种似玉的石头。

③燕水：水名。一说指易水；一说指今潮白河。

【译文】

再往北一百二十里有座山，名叫燕山，山中有许多像玉一样的石头。燕水发源于此山，向东流入黄河。

【原文】

3.84　又北山行五百里，水行五百里，至于饶山[1]。是无草木，多瑶、碧[2]，其兽多橐驼，其鸟多鹠[3]。历虢之水出焉[4]，而东流注于河，其中有师鱼[5]，食之杀人。

獂

【注释】

①饶山：山名，在今河北省境内。

②瑶碧：美玉和青绿色的玉。

③鹠（liú）：鸺鹠，也叫做横纹小鸮。

④历虢（guó）之水：历虢水。一说指濡水，今名祁水，

源出河北唐县。

⑤师鱼：鲵鱼。

【译文】

再往北走五百里山路，五百里水路，便到了饶山。此山中不长草木，（而是）有很多美玉以及青绿色的玉石，山中的野兽多为骆驼，鸟类多为鸺鹠。历虢水发源于此，向东流入黄河，水中有一种名叫师鱼的鱼，人吃了它的肉就会中毒而亡。

	《山海经》中名称	今 考
山海经地理古今考	沂 山	今河北省的虎窝山
	燕 山	可能在河北省平原县北部，由潮白河河谷至山海关
	饶 山	河北省唐县的一座山

【原文】

3.85　又北四百里，曰乾山[1]，无草木，其阳有金玉，其阴有铁而无水。有兽焉，其状如牛而三足，其名曰獂[2]，其鸣自詨。

獂　清　汪绂图本

【注释】

①乾山：山名，在今河北省境内。

②獂（huán）：传说中的一种兽。

【译文】

再往北四百里有座山，名叫乾山，山中不长草木，山的南面有金和玉，北面有铁，但是没有水。山中有一种野兽，形状似牛，长着三只脚，名字叫做獂，它发出的叫声像是在喊自己的名字。

【原文】

3.86　又北五百里，曰伦山①。伦水出焉②，而东流注于河。有兽焉，其状如麋③，其川在尾上④，其名曰罴。

【注释】

①伦山：山名。一说可能指涞山，在今涞源县西部。

②伦水：水名。一说即涞水，也叫拒马河，源出今河北涞源县。

③麋：麋鹿。

④川：这里指"窍"，肛门。

【译文】

再往北五百里有座山，名叫伦山。伦水发源于此，向东流入黄河。山中有一种野兽，它的形状与麋鹿相似，肛门长在尾巴上，这种兽名叫罴。

罴

罴　明　蒋应镐绘图本

【原文】

3.87　又北五百里，曰碣石之山①。绳水出焉②，而东流注于河，其中多蒲夷之鱼③。其上有玉，其下多青碧④。

【注释】

①碣（jié）石之山：碣石山。一说在今河北昌黎县北。

②绳水：水名。一说指今河北省昌黎县蒲河。

③蒲夷之鱼：蒲夷鱼。

④青碧：青色的玉石。

【译文】

再向北五百里有座山，名叫碣石山。绳水发源于此山，向东流入黄河，水中生长着许多蒲夷鱼。山上有玉，山下有很多青绿色的玉石。

【原文】

3.88　又北水行五百里，至于雁门之山[1]，无草木。

【注释】

[1]雁门之山：雁门山，在今山西省阳高县境内。

【译文】

再往北走五百里水路，便到了雁门山，山中不长草木。

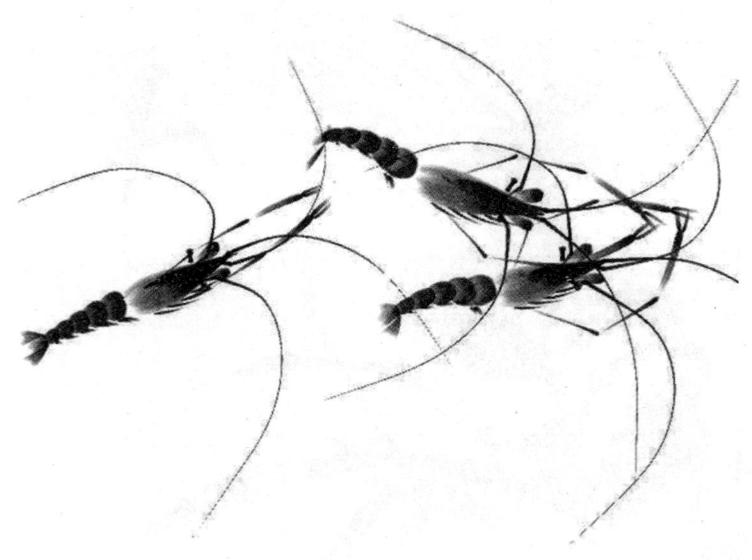

【原文】

3.89　又北水行四百里，至于泰泽[①]。其中有山焉，曰帝都之山，广员百里，无草木，有金玉。

【注释】

①泰泽：水名，今蒙古高原的岱海。

【译文】

再向北走四百里水路，便到了泰泽。泰泽之中有一座山，名叫帝都山，（这座山）方圆达一百里，山中不长草木，有金和玉。

《山海经》中名称	今　考
乾　山	一说在今河北省境内；一说在今内蒙古境内
伦　山	河北省涞源县西部的涞山
碣石之山	河北省昌黎县北部的碣石山
雁门之山	一说在今山西省阳高县境内；一说在辽东半岛南端
橐驼	骆驼
鹠	鸺鹠
麇	麇鹿

【原文】

3.90　又北五百里，曰錞于毋逢之山①，北望鸡号之山②，其风如飚③。西望幽都之山④，浴水出焉⑤。是有大蛇，赤首白身，其音如牛，见则其邑大旱。

【注释】

①錞（chún）于毋逢之山：錞于毋逢山。一说在今内蒙古境内；一说在今山西省境内。

②鸡号之山：鸡号山，在今内蒙古境内。

③飋（lì）：急风吹动的样子。

④幽都之山：幽都山，今内蒙古的阴山。

⑤浴水：水名，今内蒙古四王子旗的塔布河。

錞于毋逢山

【译文】

再向北五百里有座山，名叫錞于毋逢山，（从这座山的）北面可以望见鸡号山，从（鸡号山）那里吹来迅疾的风。山的西面可以望见幽都山，浴水就从那里发源。山中有一种大蛇，长着红色的脑袋、白色的身子，发出的声音像牛的叫声，它在哪里出现，哪里就会发生大的旱灾。

【原文】

3.91　凡北次三经之首，自太行之山以至于无逢之山，凡四十六山，万二千三百五十里。其神状皆马身而人面者廿神。其祠之：皆用一藻茝瘗之[1]。其十四神状皆彘身而载玉[2]。其祠之：皆玉，不瘗。其十神状皆彘身而八足蛇尾。其祠之：皆用一璧瘗之[3]。大凡四十四神，皆用稌糈米祠之[4]。此皆不火食。

【注释】

①藻：系有五彩丝绳的玉。茝（chǎi）：一种香草。

瘗（yì）：埋葬。

　②彘：猪。

　③璧：平圆形中间有孔的玉。

　④稌（tú）：稻子，特指糯稻。

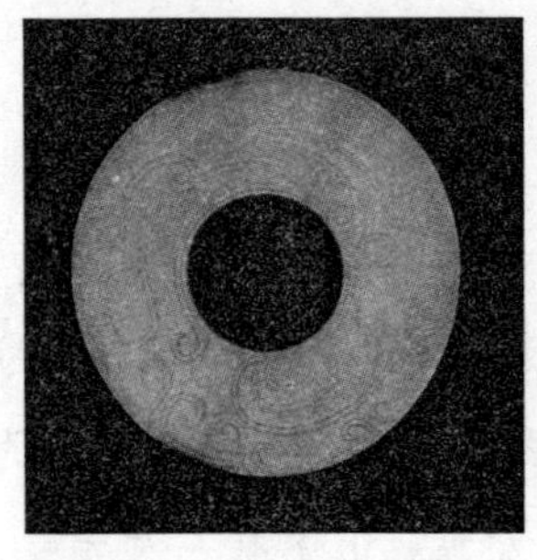

璧

糯稻

【译文】

　　总计北次三经中的山，自首列太行山起到錞于毋逢山止，总共有四十六座山，距离为一万二千三百五十里。这些山中有二十座山的山神的形状都是马身人面。祭祀这些山神的仪式是：把一块系着五彩丝绳的玉与苴一起埋入地下。另外十四位山神都是长着猪一样的身子，身上佩戴着玉。祭祀这些山神的仪式为：用玉作祭品，但不埋入地下。还有十座山的山神都长着猪一样的身子、八条腿、蛇一样的尾巴。祭祀这些山神的仪式为：用一块璧玉作祭品，将其埋入地下。祭祀这四十四位山神时，都要用糯米作祭祀用的精米，且都不需要用火将其烧煮。

362

【原文】

3.92　右北经之山志，凡八十七山，二万三千二百三十里。

【译文】

以上就是北山经中记载的山（的概况），总共有八十七座山，这些山距离为二万三千二百三十里。

第四卷　东山经

　　《东山经》包括《东山一经》、《东次二经》、《东次三经》、《东次四经》四篇，记载了主要位于中国东部的一系列山，以及发源于这些山的河流和在这些山上生长的植物、动物及其形状、特点，出产的矿物，还有掌管这些山的山神的形状、祭祀这些山神的方法（东次四经除外）等。《东山经》共记载了四十六座山，除了极少数山，绝大部分山的具体位置都难以考定，但它们大致位于今山东、安徽、江苏、河北境内及东部海域中。

东山一经路线示意图

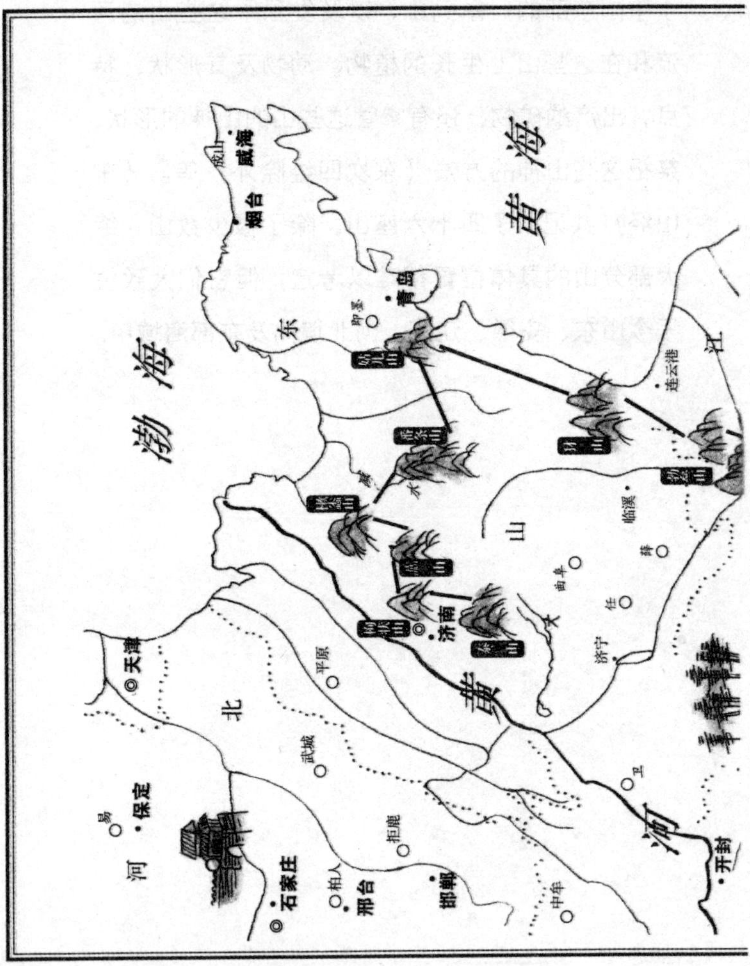

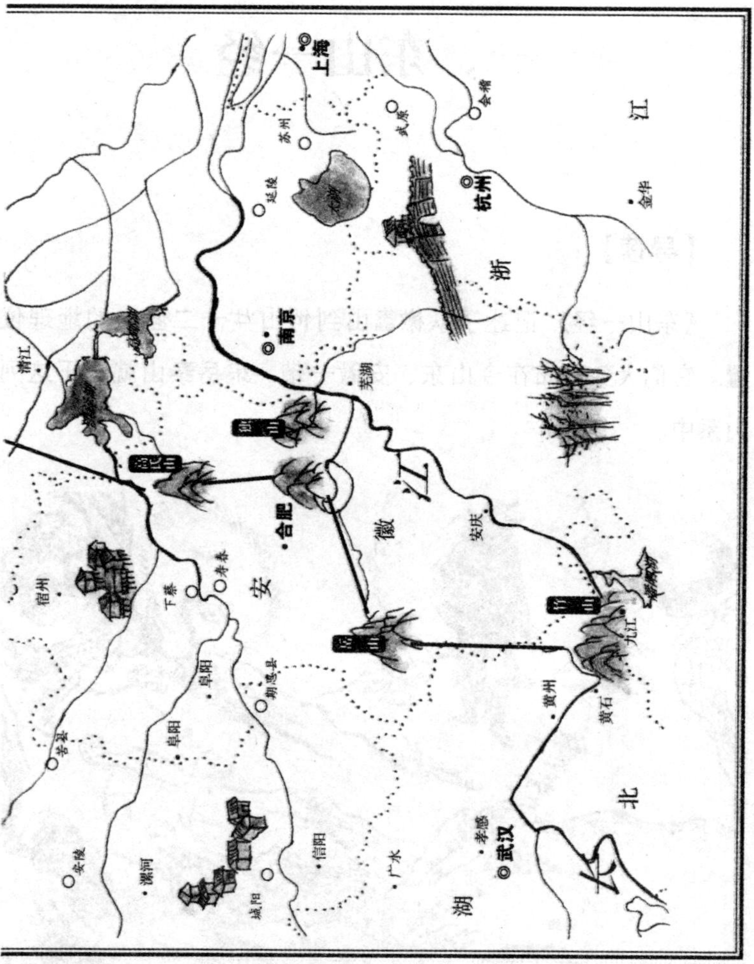

上海
会稽
江
苏州
武原
延陵
太湖
杭州
金华
浙
南京
芜湖
徽
江
安庆
潜江
合肥
寿春
安
宿州
下蔡
阜阳
蒙城县
阜阳
孝昌
九江
黄州
黄石
信阳
广水
孝感
武汉
安陵
潢河
咸阳
湖
北

一、东山一经

【导读】

　　《东山一经》记述了从樕蠢山到竹山共十二座山的地理位置。它们大致分布在今山东、安徽一带。东岳泰山就位于这列山系中。

经中所述之山多草木和鱼类，还出产丰富的矿物。怪兽有六脚的从从、鸡形鼠尾的蚩鼠，还有生活在水中，形状像蛇长着鱼鳍的螈蟠。

【原文】

4.1　东山经之首，曰樕螽之山[1]，北临乾昧[2]。食水出焉[3]，而东北流注于海。其中多鳙鳙之鱼[4]，其状如犁牛[5]，其音如彘鸣。

鳙鳙鱼

【注释】

①樕（sù）螽（zhū）之山：今山东石门山。

②乾昧：山名，在今山东桓台县、博兴县境内。

③食水：水名。一说即时水，今名淄河，在淄博市附近。

④鱅（yōng）鱅之鱼：鱅鱅鱼。传说中的一种鱼。

⑤犁牛：杂色的牛。

【译文】

东山经中的第一座山，名叫樕螽山，此山北面临近乾昧山。食水发源于此，向东北流入大海。水中有很多鱅鱅鱼，这种鱼形状像犁牛，发出的声音像猪的叫声。

鱅鱅鱼　清　汪绂图本

【原文】

4.2　又南三百里，曰蠪山^①，其上有玉，其下有金。湖水出焉^②，东流注于食水^③，其中多活师^④。

【注释】

①蠪（lěi）山：山名，在今山东境内。

②湖水：水名，今山东清水泊。

③食水：水名。一说即时水，今名淄河，在淄博市附近。

④活师：蝌蚪。

【译文】

再向南三百里有座山，名叫蠪山，山上有玉，山下有金。湖水由此处发源，向东流入食水，水中有很多蝌蚪。

山海经地理古今考	《山海经》中名称	今　考
	橛畚之山	山东中部石门山的南山
	蠪　山	山东省中部，具体所指待考

【原文】

4.3　又南三百里，曰枸状之山^①，其上多金玉，其下多青碧石^②。有兽焉，其状如犬，六足，其名曰从从，其鸣自詨。有鸟焉，其状如鸡而鼠毛③，其名曰螫鼠④，见则其邑大旱。泲水出焉⑤，而北流注于湖水。其中多箴鱼⑥，其状如儵，其喙如箴⑦，食之无疫疾。

从从

【注释】

①枸（xún）状之山：枸状山，在今山东境内。

②青碧石：青绿色的石头。

③毛：一说应作"尾"。

④螫（zī）鼠：传说中的一种鸟。

⑤泲（zhǐ）水：水名。一说指淄水，发源于今山东淄博市。

⑥箴鱼：鲛，指针鱼。

⑦喙：鸟兽的嘴。箴：同"针"。

从从　清　毕沅图本

【译文】

再往南三百里有座山，名叫枸状山，山上有很多金和玉，山下有很多青绿色的玉石。山中有一种野兽，形状像狗，长着六条腿，名叫从从，它发出的叫声像是在呼喊自己的名字。山里有一种鸟，体形像鸡，长着老鼠一样的尾巴，名字叫蚩鼠，它在哪个地方出现，哪个地方就会发生大旱灾。汜水发源于这座山，向北流入湖水。水中有很多箴鱼，它们的形状像儵鱼，嘴巴像长针，人吃了它的肉就不会染瘟疫。

蚩鼠

蚩鼠　明　胡文焕图本

【原文】

4.4　又南三百里，曰勃垒之山[1]，无草木，无水。

【注释】

[1]勃垒（qí）之山：勃齐山，今山东莱芜西北的新甫山。

【译文】

再往南三百里有座山，名叫勃垒山，山中不长草木，也没有水。

【原文】

4.5　又南三百里，曰番条之山①，无草木，多沙。减水出焉②，北流注于海，其中多鳡鱼③。

【注释】

①番条之山：番条山。一说指今山东的沂山；一说指今山东淄博市博山区西南的凤凰山。

②减水：水名。一说即今博山的孝妇河。

③鳡（gǎn）鱼：竿鱼。

【译文】

再向南三百里有座山，名叫番条山，山中不长草木，有很多沙。减水发源于此，向北流入大海，水中有很多鳡鱼。

【原文】

4.6　又南四百里，曰姑儿之山①，其上多漆②，其下多桑、柘③。姑儿之水出焉④，北流注于海，其中多鳡鱼。

【注释】

①姑儿之山：姑儿山。一说指今山东章丘市、邹平县界上的长白山；一说在今山东诸城市东南。

②漆：漆树。

③柘（zhè）：柘树。

④姑儿之水：姑儿水，今獭河。

【译文】

再向南四百里有座山，名叫姑儿山，山上有许多漆树，山下有很多桑树、柘树。姑儿水发源于此，向北流入大海，水中有许多鳡鱼。

【原文】

4.7　又南四百里，曰高氏之山^①，其上多玉，其下多箴石^②。诸绳之水出焉，东流注于泽，其中多金玉。

【注释】

①高氏之山：高氏山，在今山东境内。

②箴石：可用以制针的石头。

【译文】

再往南四百里有座山，名叫高氏山。山上有很多玉，山下有很多可用来制针的石头。诸绳水发源于此，向东流入湖泽，水中有许多金和玉。

【原文】

4.8　又南三百里，曰岳山[1]，其上多桑，其下多樗[2]。泺水出焉[3]，东流注于泽，其中多金玉。

【注释】

①岳山：山名。一说指文峰山，在今山东泰山的北面。

②樗（chū）：臭椿树。

③泺（luò）水：水名。源出今山东济南市西南，向北流入古济水。

【译文】

再往南三百里有座山，名叫岳山。山上长有很多桑树，山下长着许多臭椿树。泺水发源于此，向东流入湖泽，水中有很多金和玉。

【原文】

4.9　又南三百里，曰犲山[1]，其上无草木，其下多水，其中多堪㚟之鱼[2]。有兽焉，其状如夸父而彘毛[3]，其音如呼，见则天下大水。

【注释】

①犲山：山名。一说在今山东济南市附近。

②堪㺨（xù）：鱼名。

③夸父：一种兽，属猴类。

【译文】

再向南三百里有座山，名叫犲山，山上不长草木，山下有很多水，水中有许多堪㺨鱼。山中有一种野兽，形状像夸父，长着猪一样的毛，发出的声音像人的呼喊声，只要它一出现，天下就会发生水灾。

【原文】

4.10　又南三百里，曰独山①，其上多金玉，其下多美石。末涂之水出焉②，而东南流注于沔③，其中多條蟵④，其状如黄蛇，鱼翼，出入有光，见则其邑大旱。

【注释】

①独山：山名。一说在今山东省境内。

②末涂之水：末涂水。一说指源于今济南市长清区的长清河。

③沔（miǎn）：水名，今大汶河。

④條（tiáo）蟵（róng）：传说中的一种动物。

【译文】

再往南三百里有座山，名叫独山。山上有很多金和玉，山下有许多美丽的石头。末涂水发源于此，向东南流入沔水，水

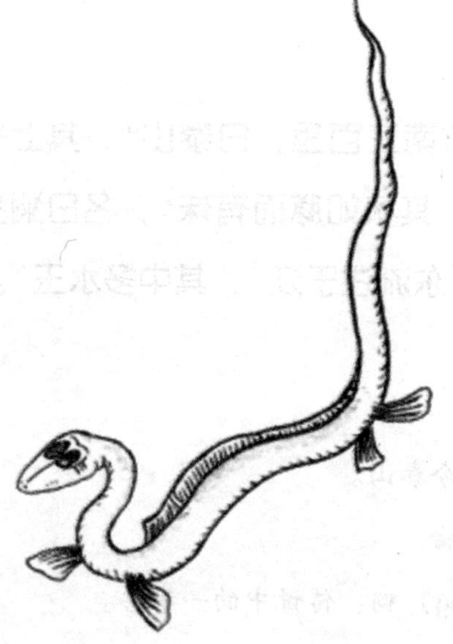

儵鱅

儵鱅　明　蒋应镐绘图本

中有许多儵鱅，它们形状似黄色的蛇，长着鱼一样的鳍，从水
中穿梭出入时，身上闪闪发光，它在哪里出现，哪里就会有大
旱灾发生。

【原文】

4.11　又南三百里，曰泰山[1]，其上多玉，其下多金。有兽焉，其状如豚而有珠[2]，名曰狪狪[3]，其鸣自。环水出焉[4]，东流注于江[5]，其中多水玉[6]。

【注释】

[1]泰山：今泰山。

[2]豚：小猪。

[3]狪（tóng）狪：传说中的一种兽。

[4]环水：水名，发源于泰山。

[5]江：应作"汶"，水名。一说指大汶河，源于今山东莱芜市北。

[6]水玉：水晶。

【译文】

再向南三百里有座山，名叫泰山，山上有许多玉，山下有许多金。山中有一种野兽，它形状与猪相似，体内有珠子，这种兽名叫狪狪，它发出的叫声像是在喊自己的名字。环水发源于此，向东流入汶水，水中有很多水晶。

【原文】

4.12　又南三百里，曰竹山[1]，錞于江[2]，无草木，多瑶碧③。激水出焉④，而东南流注于娶檀之水⑤，其中多茈蠃⑥。

【注释】

①竹山：山名。一说在今山东大汶河南岸。

②錞（chún）：蹲踞。江：应作"汶"，水名。

③瑶碧：美玉和青绿色的玉石。

④激水：水名。一说即接水，今大清河。

⑤娶檀之水：娶檀水。

⑥茈（zǐ）蠃：紫螺。

【译文】

再往南三百里有座山，名叫竹山，此山蹲踞于汶水之畔，山中不长草木，有许多美玉和青绿色的玉石。激水发源于此，向东南流入娶檀水，水中有很多紫色螺。

【泰山】

泰山，又称岱山、岱宗、东岳、泰岳等，为五岳之首，坐落在山东省中部。它雄伟壮丽、景色秀美，自古以来便备受文人墨客的赞美。唐代诗圣杜甫有诗云"会当凌绝顶，一览众山小"，说的是泰山的高大雄姿。远古时期，人们已经开始用祭祀的方式表示对泰山的崇拜。泰山封禅，就是古代帝王在泰山举行祭祀天地的典礼，仪式包括封和禅两部分。所谓"封"，就是在泰山顶上用土筑起一个圆坛来祭天帝，感谢上天的恩惠。

所谓"禅"，就是在泰山下的小山上用土筑起一个方坛来祭地神，报答大地的功劳。封禅表示帝王受命于天，向天祷告太平，并对护佑之功表示答谢，还要向天报告帝王的显赫政绩。而且封禅还有更为深潜的意识：沟通天人之际，协调天、地、神、人之间的关系，使之达到精神意志与外在行为的和谐统一。正因为如此，古代帝王无不热衷封禅，早在秦代以前，就有七十二帝王封禅泰山了。自秦汉以后，历代封建王朝都把封禅作为国家大典。昔日秦始皇、汉武帝、唐高宗、唐玄宗等都曾在泰山举行封禅。到宋真宗以后，帝王来泰山就只是举行祭祀仪式，不再封禅。

【原文】

4.13　凡东山经之首，自樕螽之山以至于竹山，凡十二山，三千六百里。其神状皆人身龙首。祠：毛用一犬祈[1]，聊用鱼[2]。

人身龙首神

人身龙首神　明　蒋应镐绘图本

【注释】

①毛：祭祀用的带毛的动物。

②聅（èr）：用牲血涂器祭神。

【译文】

总计东山经首经中的山，自樕螽山起到竹山止，总共十二座山，距离为三千六百里。这些山的山神的形状都是人身龙头。祭祀山神的仪式为：取一只狗作为祭祀用的有毛动物进行祈祷，并且取鱼血涂抹在祭器上。

东次二经路线示意图

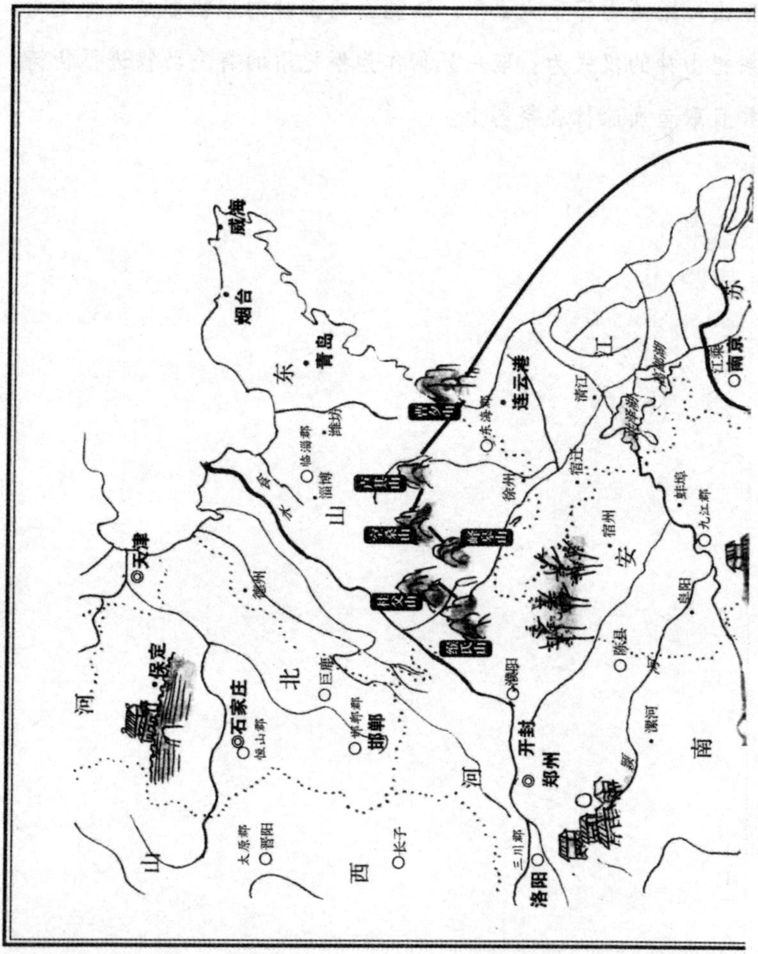

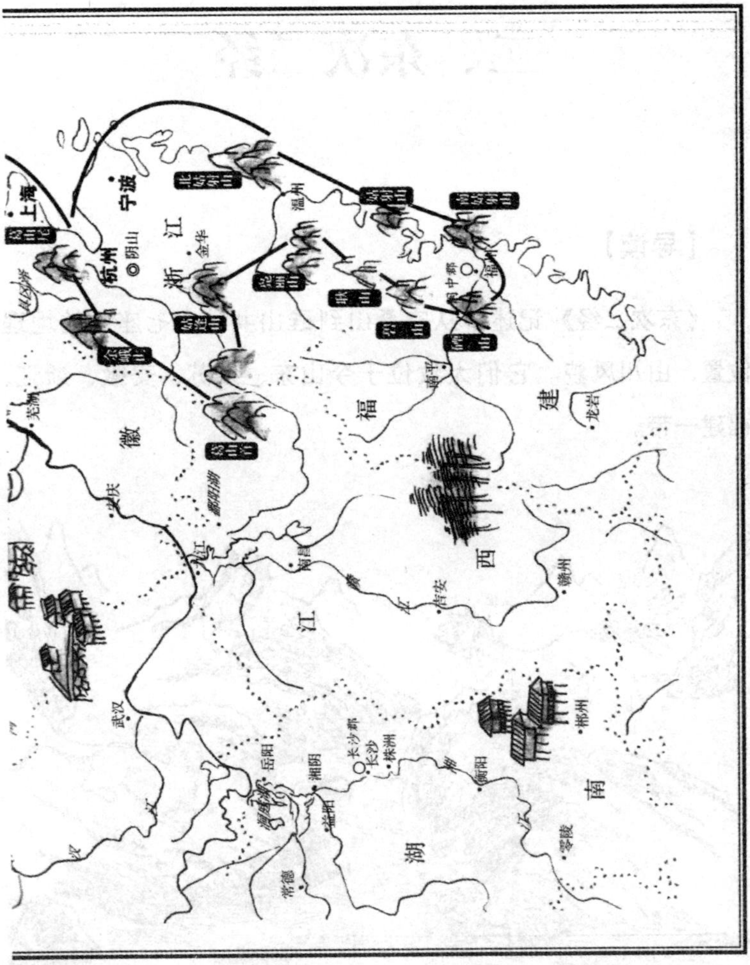
上海
宁波
杭州
阴山
浙
江
金华
温州
福州
南平
福
建
龙岩
安
徽
芜湖
安庆
鄱阳湖
南昌
江
西
吉安
赣州
武汉
岳阳
湘阴
长沙
株洲
益阳
常德
湖
南
衡阳
郴州
零陵

二、东次二经

【导读】

《东次二经》记述了从空桑山到碬山共计十七座山的地理位置、山川风貌。它们大致位于今山东、江苏、安徽、浙江、福建一带。

　　这列山系中多石头山，山中有许多怪兽和怪鱼。如体形像牛、全身虎纹的；六脚体内产珠的珠鳖鱼；样子像狐狸背上生鱼鳍的朱獳；形状像鸳鸯、长着人脚的鹙鹕鸟；九头九尾的蚩侄；以及能预测旱灾的獙獙等。

【原文】

　　4.14　东次二经之首，曰空桑之山[①]，北临食水，东望沮吴[②]，南望沙陵[③]，西望湣泽[④]。有兽焉，其状如牛而虎文，其音如钦[⑤]，其名曰轸轸[⑥]，其鸣自叫，见则天下大水。

轸轸

【注释】

①空桑之山：空桑山。一说在今山东曲阜市北。

②沮（jū）吴：山名，今蓬莱附近的蚎岛、虎岛。

③沙陵：沙丘。

④潘（mǐn）泽：水名，一说当指大小汶河汇合处的水泽。

⑤钦：通"吟"，呻吟。

⑥耹（líng）耹：传说中的一种兽。

耹耹　清　汪绂图本

【译文】

东次二经中的第一座山，名叫空桑山，此山北面临近食水，东面可以望见沮吴，南面可以看到沙陵，西面可以望到湣泽。山中有一种野兽，形状像牛，身上长着老虎一样的斑纹，发出的声音如人的呻吟声，这种兽名叫，它的叫声像是在自呼其名，只要它一出现，天下就会发生大水灾。

【原文】

4.15　又南六百里，曰曹夕之山[1]，其下多榖而无水[2]，多鸟兽。

【注释】

①曹夕之山：曹夕山，在今山东境内。
②榖：应作"榖"，构树。

【译文】

再往南六百里有座山，名叫曹夕山。山下长着很多构树，没有水，有许多鸟兽。

【原文】

4.16　又西南四百里，曰峄皋之山[1]，其上多金玉，其下多白垩。峄皋之水出焉[2]，东流注于激女之水[3]，

其中多蠯珧④。

【注释】

①峄（yì）皋（gāo）之山：峄皋山。一说指今峄山，在山东省境内。

②峄皋之水：峄皋水。

③激女之水：激女水。

④蠯：大蛤蜊。珧（yáo）：江珧。

【译文】

再向西南四百里有座山，名叫峄皋山。山上有很多金和玉，山下有许多可用作涂料的白土。峄皋水发源于此，向东流入激女水，水中有很多大蛤蜊和江珧。

山海经地理古今考	《山海经》中名称	今 考
	曹夕之山	山东崂山
	峄皋之山	山东省邹城市东南的峄山

【原文】

4.17　又南水行五百里，流沙三百里，至于葛山之尾①，无草木，多砥砺②。

【注释】

①葛山：山名。一说今江苏邳州市西南的葛峄山。

②砥砺：磨刀石。

【译文】

再往南走五百里水路，经过三百里流沙，便到了葛山的尾端。山中不长草木，有许多磨刀石。

【原文】

4.18　又南三百八十里，曰葛山之首①，无草木。澧水出焉②，东流注于余泽③，其中多珠蟞鱼④，其状如肺而有目，六足，有珠，其味酸甘，食之无疠⑤。

珠蟞鱼

【注释】

①葛山：山名，在今朝鲜半岛。

②澧（lǐ）水：水名，在今朝鲜半岛。

③余泽：水名。一说即徐泽，在今江苏邳州市内，现已湮。

④珠鳖（biē）鱼：传说中的一种鱼。

⑤疠：瘟疫；恶疮。

珠鳖鱼　清　吴任臣康熙图本

【译文】

再向南三百八十里，便是葛山的首端，山中不长草木。澧水由此地发源，向东流入余泽，水中有很多珠鳖鱼，它形状如肺，长着四只眼睛，六只脚，体内有珠子，这种鱼味道酸甜，人吃了它就不会感染瘟疫。

山海经 地　理 古今考	《山海经》中名称	今　考
	葛山之首	朝鲜半岛狼林山中的东白山
	澧　水	今朝鲜半岛的城川江

【原文】

4.19　又南三百八十里，曰余峨之山①，其上多梓楠②，其下多荆芑③。杂余之水出焉④，东流注于黄水⑤。有兽焉，其状如菟而鸟喙⑥，鸱目蛇尾⑦，见人则眠，名曰犰狳⑧，其鸣自訆，见则螽、蝗为败⑨。

【注释】

①余峨之山：余峨山，今江苏徐州附近。

②梓：梓树。楠：楠木。

③芑（qǐ）：枸杞。

④杂余之水：杂余水。

⑤黄水：水名，在今朝鲜半岛的松田湾。

⑥菟（tù）：通"兔"，兔子。喙：鸟兽的嘴。

⑦鸱（chǐ）：鹞鹰。

⑧犰（qiú）狳（yú）：传说中的一种兽。

⑨螽（zhōng）：螽斯，一种昆虫，对农作物有害。

犰狳

【译文】

再往南三百八十里有座山，名叫余峨山。山上长着许多梓树和楠木，山下长着许多荆和枸杞。杂余水发源于此，向东流入黄水。山中有一种兽，形状像兔子，长着鸟一样的嘴，鹞鹰一样的眼睛，蛇一样的尾巴，它一见到人就躺下装死，这种兽名叫犰狳。它发出的叫声像是在自呼其名，只要它一出现，就会使螽斯、蝗虫成灾，危害庄稼。

犰狳　明　蒋应镐绘图本

【原文】

4.20　又南三百里，曰杜父之山①，无草木，多水。

【注释】

①杜父之山：杜父山，今杜雾山。

【译文】

再往南三百里有座山，名叫杜父山，山中不长草木，有很多水。

【原文】

4.21　又南三百里，曰耿山，无草木，多水碧①，多大蛇。有兽焉，其状如狐而鱼翼，其名曰朱獳②，其鸣自訆，见则其国有恐。

【注释】

①水碧：水晶。

②朱獳（rú）：传说中的一种兽。

朱獳

朱獳　清　汪绂图本

【译文】

再向南三百里有座山，名叫耿山，山中不长草木，有许多水晶，还有很多大蛇。山中有一种兽，形状与狐狸相似，身上有鱼一样的鳍，这种兽名叫朱獳，发出的叫声像是在自呼其名。它在哪个国家出现，那个国家就会有令人恐慌的事情发生。

【原文】

4.22　又南三百里，曰卢其之山[1]，无草木，多沙石。沙水出焉[2]，南流注于涔水，其中多鹈鹕[3]，其状如鸳鸯而人足，其鸣自訆，见则其国多土功[4]。

鹈鹕

【译文】

再往南三百里有座山，名叫卢其山，山中不长草木，有很多沙子和石头。沙水发源于此，向南流入涔水，水中有很鹭鹕，这种鸟形状与鸳鸯相似，长着人一样的脚，发出的叫声像是在自呼其名。这种鸟在哪个国家出现，哪个国家就会大兴土木。

鹭鹕　清　汪绂图本

【原文】

4.23　又南三百八十里，曰姑射之山[1]，无草木，多水。

【注释】

①姑射（yè）之山：姑射山，在山西省临汾县西。

【译文】

再向南三百八十里有座山，名叫姑射山，山中不长草木，有很多水。

【原文】

4.24　又南水行三百里，流沙百里，曰北姑射之山[1]，无草木，多石。

【注释】

①北姑射（yè）之山：北姑射山。所指待考。

【译文】

再往南走三百里水路，经过一百里流沙，便到了北姑射山，山中不长草木，有很多石头。

【狳狳】

狳狳是哺乳动物，分布于亚热带和热带地区，是美洲特产的穴居动物。它的身躯粗壮，全身覆盖着坚硬的鳞片，腿很短，脚上爪子坚硬锋利，善于挖土。狳狳的身体分为前、中、后三段，每段之间有筋肉相连，可以伸缩。一旦遇到危险，它变把身体蜷缩起来，只把坚硬的鳞片露在外面，借以躲避别的动物的攻击。它还善于游泳，能吸足空气，使身体浮在水面上。狳狳居住在洞里，昼伏夜出，吃白蚁等昆虫，也吃植物和一些小动物的腐肉。它肉质鲜美，可以食用。

【原文】

4.25　又南三百里，曰南姑射之山[①]，无草木，多水。

【注释】

①南姑射（yè）之山：南姑射山，在今福建省境内。

【译文】

再往南三百里有座山，名叫南姑射山。山中不长草木，有很多水。

【原文】

4.26　又南三百里，曰碧山[①]，无草木，多大蛇，多碧、水玉[2]。

【注释】

①碧山：山名，位于今福建中北部。

②碧：青绿色的玉石。水玉：水晶。

【译文】

再往南三百里有座山，名叫碧山，山中不长草木，有很多大蛇，还有许多青绿色的玉石、水晶。

【原文】

4.27　又南五百里，曰缑氏之山[1]，无草木，多金玉。原水出焉[2]，东流注于沙泽[3]。

【注释】

①缑（gōu）氏之山：缑氏山，今德裕山。

②原水：今南江。

③沙泽：今东江三角洲。

【译文】

再往南五百里有座山，名叫缑氏山，山中不长草木，有很多金和玉。原水发源于此，向东流入沙泽。

【原文】

4.28　又南三百里，曰姑逢之山[1]，无草木，多金玉。有兽焉，其状如狐而有翼，其音如鸿雁，其名曰獙獙[2]，见则天下大旱。

獙獙

【注释】

[1]姑逢之山：姑逢山。一说在今浙江境内。

[2]獙（bì）獙：传说中的一种兽。

【译文】

再向南三百里有座山，名叫姑逢山，山中不长草木，有很多金和玉。山中有一种兽，它的形状像狐狸，身上生有翅膀，叫声似大雁的鸣叫声，这种兽名叫獙獙，只要它一出现，天下就会发生大旱灾。

獙獙　清　汪绂图本

【原文】

4.29　又南五百里，曰凫丽之山[1]，其上多金玉，其下多箴石[2]。有兽焉，其状如狐而九尾、九首、虎爪，名曰蠪侄[3]，其音如婴儿，是食人。

【注释】

①凫丽之山：凫丽山。一说在今浙江、福建交界处。

②箴石：可用以制针的石头。

③蠪（lóng）侄：传说中的一种兽。

蛊侄

【译文】

再往南五百里有座山，名叫凫丽山，山上有很多金和玉，山下有许多可用来制针的石头。山中有一种兽，体形与狐狸相似，生有九条尾巴，九个脑袋，长着老虎一样的爪子，这种兽名叫蛊侄，它的叫声像是婴儿的啼哭声，能吃人。

蛊侄　清　汪绂图本

【原文】

4.30　又南五百里，曰硬山[1]，南临硬水[2]，东望湖泽。有兽焉，其状如马而羊目、四角、牛尾，其音如嗥狗[3]，其名曰峳峳[4]，见则其国多狡客[5]。有鸟焉，其状如凫而鼠尾[6]，善登木，其名曰絜钩[7]，见则其国多疫。

【注释】

①硬（yīn）山：山名。一说在今福建省中部；一说是今安徽的睢阳山。

峳峳

②硬水：水名。一说可能指今濉河，在睢阳山南面。

③嗥（háo）：野兽吼叫。

④犰（yóu）犰：传说中的一种兽。

⑤狡客：狡猾的人。

⑥凫：野鸭。

⑦絜（xié）钩：传说中的一种鸟。

犰犰　清　汪绂图本

絜钩

【译文】

　　再往南五百里有座山，名叫硬山，此山南面临近硬水，东面可看到湖泽。山中有一种兽，形状与马相似，长着羊一样的眼睛，四只角，牛一样的尾巴，发出的声音像是狗吠声，这种兽名叫袨袨，它出现在哪个国家，哪个国家就会有很多奸猾的人。山中有一种鸟，形状与野鸭相似，长着老鼠一样的尾巴，擅长爬树，它的名字叫絜钩。它出现在哪个国家，哪个国家就会有瘟疫。

絜钩　明　胡文焕图本

【原文】

　　4.31　凡东次二经之首，自空桑之山至于硬山，凡十七山，六千六百四十里。其神状皆兽身人面载觡[1]。其祠：毛用一鸡祈[2]，婴用一璧，瘗[3]。

兽身人面神

兽身人面神　清　汪绂图本

【注释】

①载：同"戴"。骼（gé）：有蹄兽类的骨质实心的角。

②毛：祭祀用的带毛的动物。

③婴：颈上的饰物。璧：平圆形中间有孔的玉。

【译文】

总计东次二经中的山，自首座山空桑山起到硬山止，总共有十七座山，距离为六千六百四十里。诸山山神的形状都是兽身人面，头上的角与麋鹿的角一样。祭祀山神的仪式为：用一只鸡作为祭祀用的有毛动物（即祭品）进行祈祷，用一块玉璧

作为系在山神颈部的饰物，祭祀完毕后将其埋入地下。

山海经地理古今考	《山海经》中名称	今　考
	凫丽之山	在今浙江、福建交界处
	磹山	在今福建中部，或是安徽宿州市西北的睢阳山
	磹水	可能指今濉河，在睢阳山南面

东次三经路线示意图

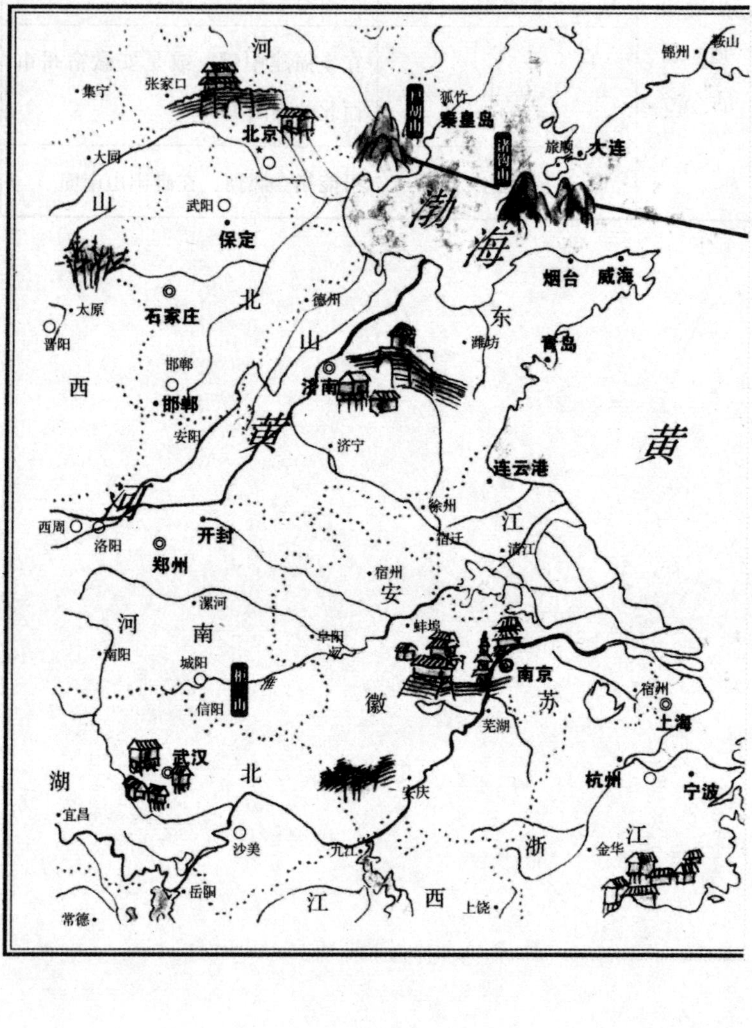
河
集宁
张家口
北京
孤竹
秦皇岛
尸胡山
诸钩山
锦州
鞍山
旅顺
大连
大同
山
武阳
保定
渤
海
烟台
威海
太原
晋阳
石家庄
北
德州
东
潍坊
山
青岛
邯郸
西
邯郸
济南
安阳
黄
济宁
黄
连云港
西周
洛阳
河
徐州
江
开封
宿迁
清江
郑州
宿州
安
漯河
河
南
蚌埠
阜阳
南阳
城阳
淮
南京
信阳
徽
苏
芜湖
宿州
上海
武汉
湖
北
杭州
宁波
安庆
宜昌
沙美
九江
浙
江
金华
岳阳
常德
江
西
上饶

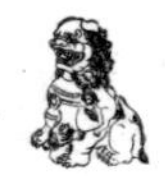

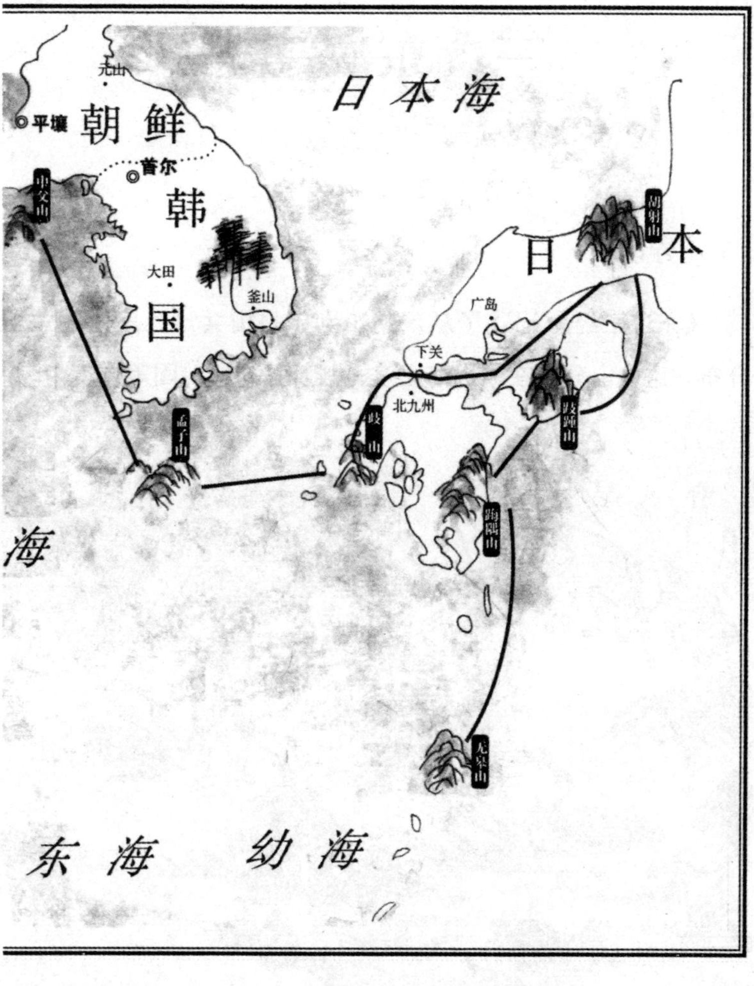
日本海
元山
平壤
朝鲜
首尔
韩国
大田
釜山
中父山
孟子山
海
岐山
北九州
下关
广岛
日本
胡射山
跂踵山
踇隅山
无皋山
东海
幼海

三、东次三经

【导读】

《东次三经》记述了从尸胡山到无皋山共计九座山的位置分布。这些山分布在今渤海之滨，以及日本、韩国等国境内。

因其山附近多水，所以野兽较少而多鱼类，如寐鱼、鳢鱼、鲔鱼、神兽蠵龟和长有六只脚的鲐鲐鱼等。

【原文】

4.32　又东次三经之首，曰尸胡之山[1]，北望䍃山[2]，其上多金玉，其下多棘[3]。有兽焉，其状如麋而鱼目，名曰妴胡[4]，其鸣自詨。

妴胡

【注释】

①尸胡之山：尸胡山。一说在今河北境内；一说在今韩国境内。

②殊（xiáng）山：山名，疑为今山东蓬莱市北面的长岛。

③棘：酸枣树。

④豽（wǎn）胡：指白唇鹿。

豽胡　明　蒋应镐绘图本

【译文】

东次三经中的第一座山，名叫尸胡山。（从这座山的）北面可以望见犲山，山上有很多金和玉，山下长着很多酸枣树。山中有一种野兽，形状与麋鹿相似，长着鱼一样的眼睛，这种兽名叫妴胡，它发出的叫声像是在自呼其名。

【原文】

4.33　又南水行八百里，曰岐山①，其木多桃李，其兽多虎。

【注释】

①岐山：山名，一说在今日本九州岛。

【译文】

再往南行八百里水路，便到了岐山，山中的树木多为桃树和李树，野兽多为老虎。

【原文】

4.34　又南水行五百里，曰诸钩之山①，无草木，多沙石。是山也，广员百里，多寐鱼②。

【注释】

①诸钩（gōu）之山：诸钩山，今日本九州岛西北部港湾

附近的高山的总称。

②寐鱼：鲧鱼，形状与鲤鱼相似。

【译文】

再往南行五百里水路，便到了诸钩山，山中不长草木，有很多沙子和石头。这座山方圆百里，水中有很多寐鱼。

【原文】

4.35　又南水行七百里，曰中父之山①，无草木，多沙。

【注释】

①中父之山：中父山，今日本雾岛山。

【译文】

再向南走七百里水路，便到了中父山，山中不长草木，有很多沙子。

山海经地理古今考	《山海经》中名称	今　考
	尸胡之山	一说是今山东烟台市西北的芝罘山；一说在今河北境内
	岐　山	在今日本九州岛

【原文】

4.36　又东水行千里，曰胡射之山①，无草木，多沙石。

【注释】

①胡射之山：胡射山。一说在今日本境内。

【译文】

再往东走一千里水路，便到了胡射山，山中不长草木，有很多沙子和石头。

【原文】

4.37　又南水行七百里，曰孟子之山①，其木多梓桐②，多桃李，其草多菌蒲③，其兽多麋鹿。是山也，广员百里。其上有水出焉，名曰碧阳④，其中多鳣鲔⑤。

【注释】

①孟子之山：孟子山，在今日本境内。

②梓：梓树。桐：桐树。

③菌：真菌。蒲：香蒲。

④碧阳：水名，具体所指代考。

⑤鳣（zhān）：鳇。鲔（wěi）：白鲟。

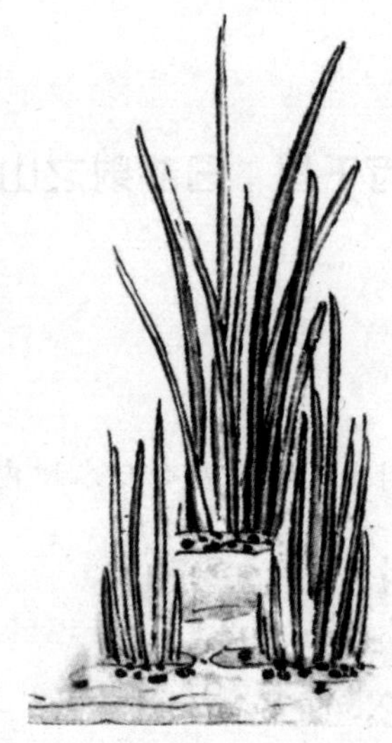

蒲

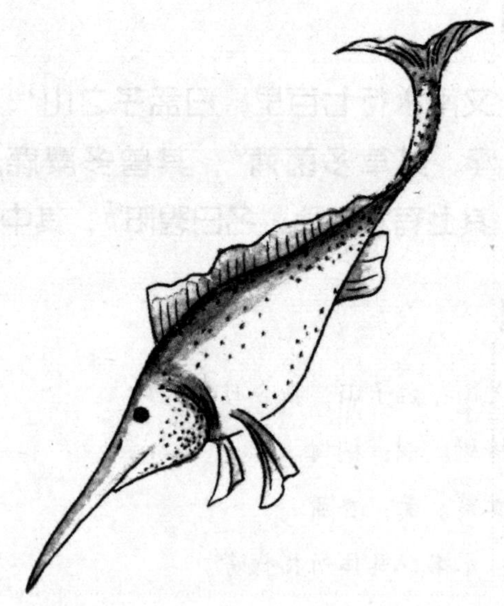

鲔

【译文】

再往南走七百里水路，便到了孟子山，山中生长的树木多为梓树和桐树，还有很多桃树和李树，草类多为菌类和香蒲，野兽多是麋鹿。这座山方圆百里。山上有条河由此发源，名叫碧阳，水中有很多鳇鱼和白鲟。

山海经地理古今考	《山海经》中名称	今　考
	胡射之山	今日本的富士山
	孟子之山	今日本富士山向南七百里的木会山
	鳣	鳇
	鲔	白　鲟

【原文】

4.38　又南水行五百里，曰流沙，行五百里，有山焉，曰跂踵之山[1]，广员二百里，无草木，有大蛇，其上多玉。有水焉，广员四十里皆涌，其名曰深泽[2]，其中多蠵龟[3]。有鱼焉，其状如鲤而六足鸟尾，名曰鮯鮯之鱼[4]，其名自訆。

【注释】

①跂（qǐ）踵之山：跂踵山。一说在今日本境内。

②深泽：水名。

③蠵（xī）龟：赤海龟。

④鮯（gé）鮯之鱼：鮯鮯鱼，传说中的一种鱼。

鮯鮯鱼

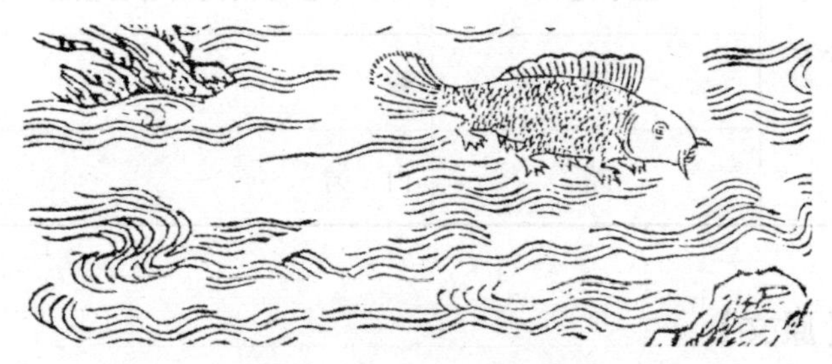

鮯鮯鱼　明　蒋应镐绘图本

【译文】

再往南走五百里水路，有一片流沙，再走五百里路，便到了一座山，此山名叫跂踵山。这座山方圆二百里，山中不长草木，有大蛇，山上有很多玉。山中有一个水泽，方圆达四十里，泽中之水向上喷涌而成，这个水泽名叫深泽，水中有很多蠵龟。水中还有一种鱼，它的形状与鲤鱼相似，长着六只脚，鸟一样的尾巴，这种鱼名叫鮯鮯鱼，它叫起来像是在自呼其名。

【原文】

4.39　又南水行九百里，曰蚼隅之山[1]，其上多草木，多金玉，多赭[2]。有兽焉，其状如牛而马尾，名曰精精，其鸣自訆。

【注释】

①蚼（mǔ）隅之山：蚼隅山，在今日本境内。
②赭（zhě）：红土。

精精

精精　清　汪绂图本

【译文】

再往南走九百里水路，便到了踇隅山。山上长着很多草木，有很多金和玉，还有许多红土。山中有一种兽，它的形状与牛相似，却长着马一样的尾巴，这种兽名叫精精，它发出的叫声像是在自呼其名。

【原文】

4.40　又南水行五百里，流沙三百里，至于无皋之山①，南望幼海②，东望榑木③，无草木，多风。是山也，广员百里。

【注释】

①无皋之山：无皋山。一说在今日本境内；一说可能是今

山东青岛崂山。

②幼海：水名。一说指崂山西南的胶州湾。

③榑（fú）木：扶桑，传说中的一种树。

【译文】

再向南行五百里水路，经过三百里流沙，便到了无皋山。（从此山的）南面可以望到幼海，东面可以看到扶桑，山中不长草木，经常刮风。这座山方圆百里。

山海经地理古今考	《山海经》中名称	今　考
	跂踵之山	今日本纪伊半岛的山脉
	踇隅之山	在今日本九州岛附近
	无皋之山	可能是今山东青岛的崂山
	蠵龟	赤海龟
	鲐鲐之鱼	传说中的一种鱼，类似鲤鱼

【原文】

4.41　凡东次三经之首，自尸胡之山至于无皋之山，凡九山，六千九百里。其神状皆人身而羊角。其祠：用一牡羊①，米用黍②。是神也，见则风雨水为败。

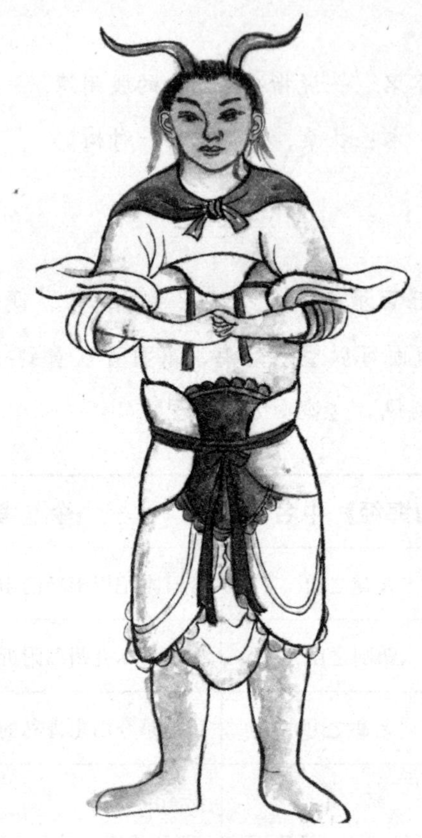

人身羊角神

【注释】

①牡羊：公羊。

②米：一说应作"糈"，祭神用的精米。

【译文】

总计东次三经山系的首尾，自首座山尸胡山起到无皋山止，

共有九座山，绵延六千九百里。诸山山神的形貌都是人身，头上长着羊角。祭祀山神的礼仪是：在带毛的牲畜中选一只公羊作祭品，用黄米做祀神的米。这些山神代表凶兆，只要他们一出现，天下就会刮大风、下大雨、发大水，而使庄稼颗粒无收。

人身羊角神　清　汪绂图本

四、东次四经

【导读】

《东次四经》记述了从北号山至太山共计八座山的地理位置分布情况。它们座落在今山东、河北、江苏境内。这些山和附近水域中有许多怪兽，如东始山中一首十身的茈鱼、女烝山中能预测大旱的鱲鱼、钦山中形状像猪长着獠牙的当康兽、太山中形状像牛独眼的蜚兽。

【原文】

4.42　又东次四经之首，曰北号之山[1]，临于北海[2]。有木焉，其状如杨，赤华，其实如枣而无核，其味酸甘，食之不疟[3]。食水出焉[4]，而东北流注于海。有兽焉，其状如狼，赤首鼠目，其音如豚[5]，名曰猲狙[6]，是食人。有鸟焉，其状如鸡而白首，鼠足而虎爪，其名曰鬿雀[7]，亦食人。

猲狙

【注释】

①北号之山：北号山，在今山东省境内。

②北海：水名，今莱州湾。

③疟：疟疾。

④食水：水名。一说指小清河。

⑤豚：小猪，也泛指猪。

⑥猲（gé）狙（jū）：传说中的一种兽。

⑦䳋（qí）雀：传说中的一种鸟。

猲狙　清　汪绂图本

【译文】

东次四经中的首座山，名叫北号山，此山临近北海。山中有一种树木，形状像杨树，开红色花朵，果实与枣相似，但里面没有核，味道酸甜，人们食用它就不会患疟疾。食水发源于此，向东北流入大海。山中有一种野兽，形状与狼相似，长着红色的脑袋，老鼠一样的眼睛，发出的声音与猪的叫声相似，这种兽名叫猲狙，能吃人。山中有一种鸟，它形状像鸡，长着白色的脑袋，老鼠一样的脚，老虎一样的爪子，这种鸟名叫䳋雀，也能吃人。

430

【原文】

4.43　又南三百里，曰旄山[1]，无草木。苍体之水出焉[2]，而西流注于展水[3]，其中多鳣鱼[4]，其状如鲤而大首，食者不疣。

【注释】

①旄（máo）山：山名。一说在今河北张家口北。

②苍体之水：苍体水。一说是今河北洋河的支流。

③展水：水名，一说即今结雅河，注入黑龙江。

④鳣（qiū）鱼：鱼名。一说指海鲇。

鳣鱼

【译文】

再往南三百里有座山，名叫旄山，山中不长草木。苍体水发源于此，向西流入展水，水中有很多鱃鱼，形状与鲤鱼相似，头很大，食用这种鱼后就不会长瘊子。

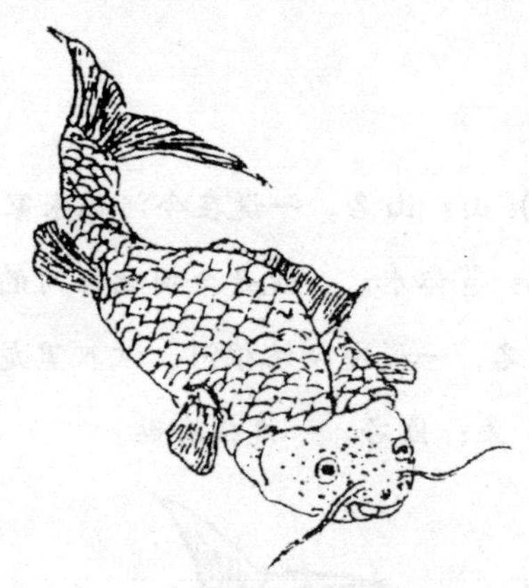

鱃鱼　清　汪绂图本

	《山海经》中名称	今　考
山海经地理古今考	北号之山	可能是位于山东北面的莱州湾小清河畔的一丘阜
	旄　山	一说在今张家口北；一说在今外兴安岭南
	鱃　鱼	海鲇
	猲　狙	传说中的一种兽

【原文】

4.44　又南三百二十里，曰东始之山[1]，上多苍玉[2]。有木焉，其状如杨而赤理，其汁如血，不实，其名曰芑[3]，可以服马[4]。泚水出焉[5]，而东北流注于海，其中多美贝，多茈鱼[6]，其状如鲋[7]，一首而十身，其臭如麋芜[8]，食之不糦[9]。

杞柳

【注释】

①东始之山：东始山。一说在今河北境内；一说在今山东境内。

②苍玉：灰白色的玉。

③芑（qǐ）：植物名，指杞柳。

④服马：使马驯服。

⑤泚（zǐ）水：水名。一说指今河北的滋水。

⑥芘（zǐ）鱼：传说中的一种鱼。

⑦鲋（fù）：鲫鱼。

⑧臭（xiù）：气味。麋芜：蘼芜。

⑨糀（pì）：同"屁"，放屁。

芘鱼　清　汪绂图本

【译文】

再往南三百二十里有座山，名叫东始山，山上有很多灰白色的玉。山中有一种树，形状与杨树相似，长着红色的纹理，树的汁液像血，（这种树）不结果实，它的名字叫芑，可以用它的汁液来使马驯服。泚水发源于此，向东北流入大海，水中有很多美丽的贝类生物，还有许多芘鱼，这种鱼形状像鲫鱼，

有一个脑袋，十个身子，能发出蘼芜一样的气味，人吃了它就能不放屁。

【原文】

4.45　又东南三百里，曰女烝之山①，其上无草木。石膏水出焉②，而西注于鬲水③，其中多薄鱼④，其状如鳝鱼而一目⑤，其音如欧⑥，见则天下大旱。

【注释】

①女烝（zhēng）之山：女烝山。一说在今河北大名县一带；一说可能是今山东省境内的石膏山。

②石膏水：水名，一说是今布列亚河。

③鬲（gé）水：水名，今黑龙江。

④薄鱼：传说中的一种鱼。

⑤鳝：通"鳝"，黄鳝。

⑥欧：通"呕"，呕吐。

【译文】

再往东南三百里有座山，名叫女烝山，山上不长草木。石膏水由此处发源，向西流入鬲水，水中有许多薄鱼，这种鱼形状与鳝鱼相似，只长着一只眼睛，发出的声音像人的呕吐声。只要它一出现，天下就会发生大旱灾。

薄鱼

薄鱼　明　蒋应镐绘图本

【原文】

4.46　又东南二百里，曰钦山①，多金玉而无石。师水出焉②，而北流注于皋泽③，其中多鱼鳅④，多文贝。有兽焉，其状如豚而有牙⑤，其名曰当康，其鸣自，见则天下大穰⑥。

【注释】

①钦山：山名，一说在今山东境内。

②师水：一说指今饶河。

③皋泽：水名。

④鳅（qiū）鱼：鱼名。

⑤豚：小猪，也泛指猪。

⑥穰（ráng）：丰收。

【译文】

再往东南二百里有座山，名叫钦山，山中有许多金和玉，没有石头。师水发源于此，向北流入皋泽，水中有许多鱼，还有许多带花纹的贝。山中有一种野兽，形状与猪相似，长着长长的獠牙，这种兽名叫当康，它发出的叫声像是在自呼其名，只要它一出现，天下就会获得大丰收。

当康

当康　明　胡文焕图本

【原文】

4.47　又东南二百里，曰子桐之山[1]。子桐之水出焉[2]，而西流注于余如之泽[3]。其中多䱻鱼[4]，其状如鱼而鸟翼，出入有光，其音如鸳鸯，见则天下大旱。

438

【注释】

①子桐之山：子桐山。一说在今山东境内；一说在今山西境内。

②子桐之水：子桐水。一说是今山西的潇河；一说是今山东的潍河。

③余如之泽：余如泽。

④鳛（huá）鱼：传说中的一种鱼。

鳛鱼

【译文】

再往东南走二百里有座山，名叫子桐山。子桐水由此处发源，向西注入余如泽。水中有很多鳛鱼，它形状与鱼相似，但长着鸟一样的翅膀，在水中出入时身体会闪闪发光，发出的声音与鸳鸯的叫声相似。只要它一出现，天下就会有大旱灾发生。

鲼鱼　清　汪绂图本

	《山海经》中名称	今　考
山海经地理古今考	钦　山	在今山东省境内
	师　水	一说指饶河
	子桐之山	一说在今山东境内；一说在今山西境内

【原文】

4.48　又东北二百里，曰剡山^①，多金玉。有兽焉，其状如彘而人面，黄身而赤尾，其名曰合窳^②，其音如婴儿，是兽也，食人，亦食虫蛇，见则天下大水。

440

【注释】

①刬（yǎn）山：山名。一说在今山东境内；一说是今巴士古山脉。

②合窳（yá）：传说中的一种兽。

【译文】

再往东北二百里有座山，名叫刬山，山中有很多金和玉。山中有一种野兽，它的形状像猪，长着人一样的脸，黄色的身子，红色的尾巴，这种兽名叫合窳，它发出的声音如同婴儿的啼哭声，这种兽能吃人，也能吃昆虫和蛇。只要它一出现，天下就会发生大水灾。

合窳

合窳　清　汪绂图本

【原文】

4.49　又东二百里，曰太山[1]，上多金玉、桢木[2]。有兽焉，其状如牛而白首，一目而蛇尾，其名曰蜚，行水则竭，行草则死，见则天下大疫。钩水出焉[3]，而北流注于涝水[4]，其中多鳡鱼[5]。

【注释】

①太山：山名。一说指东泰山，在今山东临朐境内。

②桢（zhēn）木：女贞。

③钩水：水名，在今山东境内。

④涝水：水名。一说是今尧河；一说是今乌苏里江。

⑤鳛（qiū）鱼：鱼名。一说指海鲇。

蜚

【译文】

再往东二百里有座山，名叫太山，山上有很多金和玉，还长有许多女贞树。山中有一种兽，形状似牛，脑袋是白色的，长着一只眼睛，蛇一样的尾巴，它的名字叫做蜚，它在水中行走，河水就会干涸，它在草丛中行走，草就会枯死，只要它一出现，天下就会有大的瘟疫。钩水发源于此，向北流入涝水，水中长着很多鳛鱼。

蜚　清　汪绂图本

【蜚】

　　传说蜚是灾难之兽，它的出现，就像死神来临一样，预示着死亡和灾难。凡是它行经的地方，遇水水会干涸，遇草草会枯死。传说春秋时期，曾经有蜚兽出现，当时天下大旱，河水干涸，草木枯萎，大地上瘟疫横行，无数百姓病死，天昏地暗，了无生机。

【原文】

4.50　凡东次四经之首，自北号之山至于太山[①]，凡八山，一千七百二十里。

【注释】

①北号之山：即北号山，山名，可能是今小清河畔一丘阜，靠近山东背面的莱州湾。

【译文】

总计东次四经中的山，自首座山北号山起到太山止，共有八座山，距离为一千七百二十里。

【原文】

4.51　右东经之山志[①]，凡四十六山，万八千八百六十里。

【注释】

①右：古籍通常是从右到左的竖排格式，这里"右"，相当于现在的"以上"。志：记载的文字。

【译文】

以上是东山经中记载的山，总共有四十六座山，距离为一万八千八百六十里。

九尾狐 "青丘国在其北，其狐四足九尾。"《海外东经》"有青丘之国，有狐，九尾。"《大荒东经》史书中记载，九尾狐成就了"大禹"与"涂山氏"的佳缘，成为了中国古书中出现的最早的"婚姻中介"，传说中人吃了她的肉，可以不逢妖邪之气，抗拒蛊毒。九尾狐在《山海经》中出现了三次，后来成为祥瑞和子孙繁荣的象征。

异兽：《夫诸》夫诸：象白鹿，但有四角。招大水。
《山海经·中山经》：“敖岸之山……有兽焉，其状如
白鹿而四角，名曰夫诸，见则其邑大水。状如白鹿而
有四角。其现为水灾之兆。其说始见于先秦。

第五卷　中山经

　　《中山经》自中山一经至中次十二经，共十二篇，记载了位于中国中部的一系列山，发源于这些山的河流和在这些山上生长的动物、植物及其形状、特点，出产的矿物，以及与这些山和水有关的神、历史人物，掌管这些山的山神的形状、祭祀这些山神的方法等。《中山经》是《山海经》的五篇山经中内容最多的一篇，共记载了一百九十七座山，它们位于今河南、山西、陕西、四川、重庆、安徽、湖北、湖南、江西境内，其中三分之一左右的山的具体位置可以确定。

中山一经路线示意图

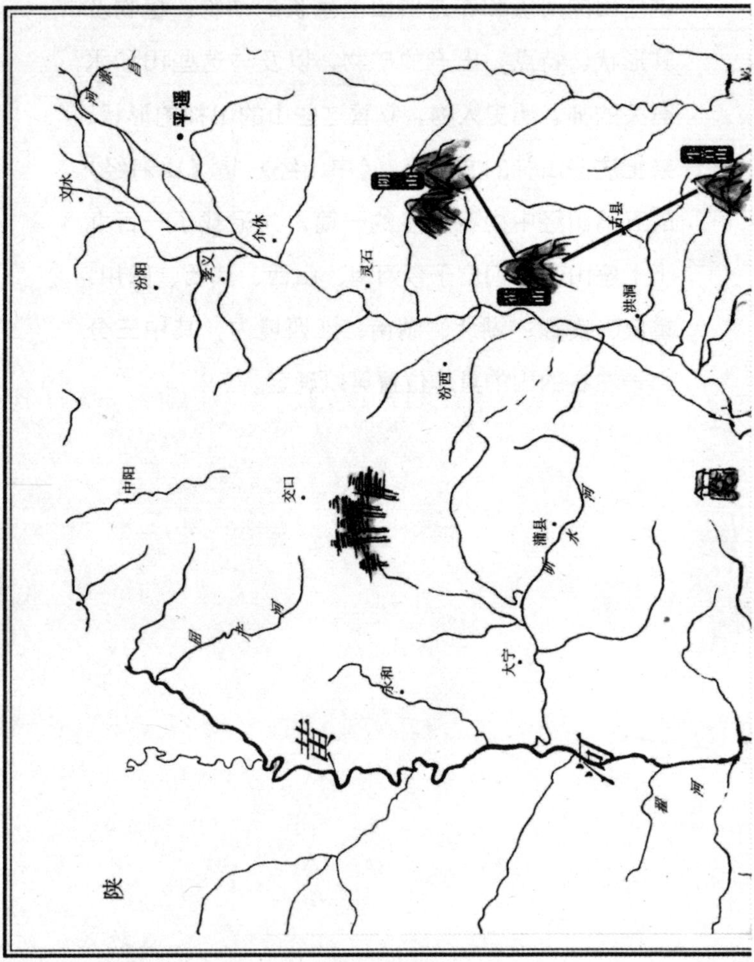

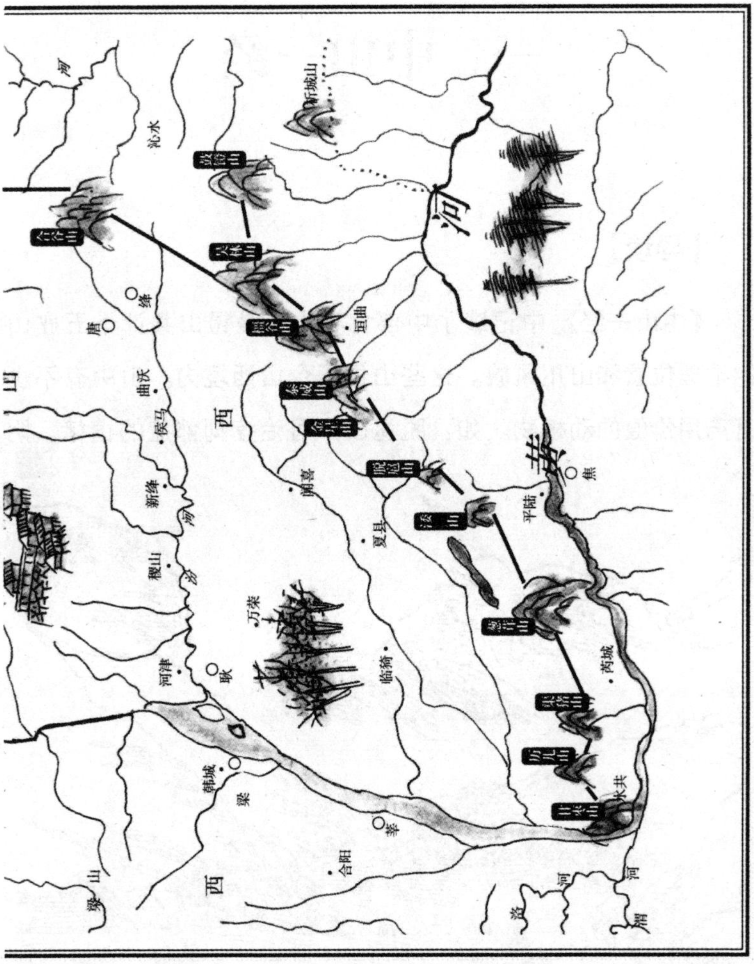

沁水
河
析城山
敦脍山
吴山
绛
唐
锢柠山
垣曲
西
山
陆城山
侯马
曲沃
釜山
脂限山
新绛
阝丧
夏县
闻喜
焦
平陆
汾河
稷山
黎山
万荣
耿
河津
临猗
渑池
丙城
脱欬山
韩城
梁
蒲山
合阳
水夬
兰菠山
西
梁山
洛
河
洛水

一、中山一经

【导读】

　　《中山一经》中记载了中部甘枣山至鼓镫山共计十五座山的地理位置和山川风貌。这些山位于今山西境内。山中有不少有药用价值的动植物。如：脱扈山中可治疗抑郁症的植楮，阴

山中治疗耳聋的雕棠，鼓镫山中治疗中风的荣草。此外，又有可以治疗白癣的豪鱼、可以治疗痔疮的飞鱼，还有一种叫胐胐的兽能医治抑郁症。

【原文】

5.1　中山经薄山之首①，曰甘枣之山②。共水出焉③，而西流注于河。其上多枏木④。其下有草焉，葵本而杏叶⑤，黄华而荚实⑥，名曰箨⑦，可以已瞢⑧。有兽焉，其状如犰鼠而文题⑨，其名曰䶢⑩，食之已瘿⑪。

【注释】

①薄山：山系名。一说指蒲山，位于今山西南部的中条山脉中。

②甘枣之山：甘枣山。一说指今山西芮城县；一说在今山西永济市南。

③共水：水名。一说指今山西芮城县东北的朱石河。

④枏（niǔ）：檍树。

⑤本：草木的根干。

⑥荚：豆科植物的长形果实，亦指狭长无隔膜的其他草木的果实。

⑦箨（tuò）：草名。

⑧已：治愈。瞢（méng）：目不明。

⑨犰（huī）鼠：大型的灰色鼠。题：额头。

⑩羆（nài）：兽名，指马来熊，也叫狗熊、太阳熊。

⑪瘿：长在颈上的瘤子。

那比

那比　明　蒋应镐绘图本

【译文】

中山经薄山山系的首座山，名叫甘枣山。共水发源于甘枣山，向西流入黄河。山上生长着很多枏树，山下长着一种草，这种草的茎干与葵的相似，叶子如杏叶，开黄色的花，结荚果，这种草名叫箨，它能治疗眼睛昏花的病。山中有一种野兽，形状与默鼠相似，额头上有花纹，这种兽名叫那比，吃了它的肉能治疗颈部长大瘤子的病症。

【原文】

5.2　又东二十里，曰历儿之山①，其上多橿②，多栃木③，是木也，方茎而员叶，黄华而毛，其实如拣④，服之不忘。

【注释】

①历儿之山：历儿山。一说指历山，在今山西省永济市境内。

②橿（jiāng）：木名，古时用作制车的材料。

③栃（lì）木：木名。

④拣：应作"楝"，即楝树。

【译文】

再往东二十里有座山，名叫历儿山，山上长着很多橿树，还有很多栃木，这种树的茎干是方形的，叶子是圆形的，开黄色花，花瓣上有绒毛，结出的果实与楝树结的果实相似，人吃了它可以增强记忆力。

山海经地理古今考	《山海经》中名称	今　考
	历儿之山	山西省永济市境内中条山脉中的历山
	渠猪之山	在今山西芮城县境内

【原文】

5.3　又东十五里，曰渠猪之山①，其上多竹。渠猪之水出焉②，而南流注于河。其中是多豪鱼③，状如鲔，赤喙尾赤羽④，可以已白癣。

【注释】

①渠猪之山：渠猪山。在今山西省境内。

②渠猪之水：渠猪水。水名。一说指今山西芮城县西地永乐河。

③豪鱼：鱼名。一说指鲟鱼。

④尾：一说"尾"前应有"赤"字。

【译文】

再往东十五里有座山，名叫渠猪山。山上长着许多竹子。渠猪水发源于此，向南流入黄河。水中有很多豪鱼，这种鱼形状像白鲟，长着红色的嘴，红色的尾巴，红色的鳍，食用这种鱼可以治疗白癣。

豪鱼

豪鱼　清　汪绂图本

【原文】

5.4　又东三十五里，曰葱聋之山①，其中多大谷，是多白垩，黑、青、黄垩。

【注释】

①葱聋之山：葱聋山，在今山西芮城县北。

【译文】

再向东三十五里有座山，名叫葱聋山。山中有许多大的山谷，还有很多白垩、黑垩、青垩、黄垩（这些土可做涂料）。

【原文】

5.5　又东十五里，曰涷山①，其上多赤铜，其阴多铁。

【注释】

①涹（wō）山：山名，在今山西芮城县北。

【译文】

再往东十五里有座山，名叫涹山。山上有许多赤铜，山的北面有很多铁。

【原文】

5.6　又东七十里，曰脱扈之山①。有草焉，其状如葵叶而赤华，荚实②，实如棕荚③，名曰植楮④，可以已癙⑤，食之不眯⑥。

【注释】

①脱扈（hù）之山：脱扈山，在今山西芮城县北。

②荚：豆科植物的长形果实，亦指狭长无隔膜的其他草木的果实。

③棕：棕榈。

④植楮（chǔ）：植物名。

⑤癙（shǔ）：忧郁病。

⑥眯（mì）：梦魇。

【译文】

再往东七十里有座山，名叫脱扈山。山中生着一种草，其

形状如葵叶一般，开红色的花，结荚果，果实像棕树的荚，这
种草名叫植楮，它可以治疗抑郁症，吃了这种果实就不会梦魇。

山海经地理古今考	《山海经》中名称	今　考
	葱聋之山	今山西省芮城县北部的山岭
	涹　山	今山西省芮城县北部的山岭
	脱扈之山	今山西省芮城县北部的山岭

【原文】

5.7　又东二十里，曰金星之山[1]，多天婴[2]，其状
如龙骨[3]，可以已痤[4]。

【注释】

①金星之山：金星山。一说在今山西省芮城县西。

②天婴：植物名。

③龙骨：一说指植物；一说指某些哺乳动物的化石。

④痤（cuó）：痤疮，俗称粉刺。

【译文】

再往东二十里有座山，名叫金星山。山中有很多天婴，它
的形状与龙骨相似，可以用来治疗痤疮。

【原文】

5.8　又东七十里，曰泰威之山①。其中有谷，曰枭谷，其中多铁。

【注释】

①泰威之山：泰威山，在今山西省平陆县西。

【译文】

再往东七十里有座山，名叫泰威山。山中有一道山谷，名叫枭谷，谷中有很多铁。

【原文】

5.9　又东十五里，曰橿谷之山①，其中多赤铜。

【注释】

①橿谷之山：橿谷山，在今山西省平陆县西北。

【译文】

再往东十五里有座山，名叫橿谷山。山中有很多赤铜。

【原文】

5.10　又东百二十里，曰吴林之山①，其中多蒧草②。

【注释】

①吴林之山：吴林山，在今山西省平陆县境内。

②菅（jiān）：同"菅"，菅茅。

【译文】

再向东一百二十里有座山，名叫吴林山。山中长着许多菅草。

	《山海经》中名称	今　考
山海经 地理 古今考	金星之山	在今山西省平陆县西部
	泰威之山	在今山西平陆县西
	橿谷之山	在今山西平陆县西北
	吴林之山	今山西吴山

【原文】

5.11　又北三十里，曰牛首之山①。有草焉，名曰鬼草，其叶如葵而赤茎，其秀如禾②，服之不忧。劳水出焉③，而西流注于潏水④。是多飞鱼，其状如鲋鱼⑤，食之已痔衕⑥。

【注释】

①牛首之山：牛首山，在今山西临汾市境内。

②秀：植物吐穗开花，多指庄稼。禾：古代指粟。

③劳水：水名，在今山西浮山县北。

④潏（jué）水：水名。一说即今响水河，在山西襄汾县境内。

⑤鮒鱼：鲫鱼。

⑥衕（dòng）：腹泻。

飞鱼

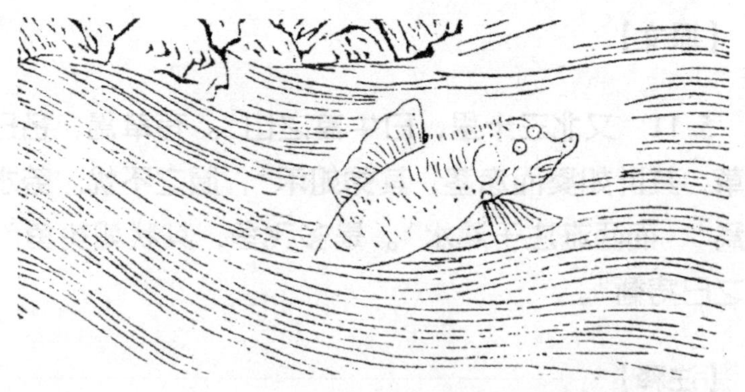

飞鱼　明　蒋应镐绘图本

【译文】

再往北三十里有座山，名叫牛首山。山中生长着一种草，名叫鬼草，叶子与葵叶相似，茎是红色的，像粟一样抽穗开花，吃了它就能使人不忧愁。劳水发源于此，向西流入滫水。水中有许多飞鱼，形状与鲫鱼相似，食用这种鱼可以治疗痔疮和腹泻。

【原文】

5.12　又北四十里，曰霍山①，其木多榖②。有兽焉，其状如狸而白尾有鬣③，名曰朏朏④，养之可以已忧。

朏朏

【注释】

①霍山：山名，在今山西霍州市东南。

②穀：构树。

③狸：山猫。鬛（liè）：兽类颈上的长毛。

④胐（fěi）胐：兽名。一说指白鼬。

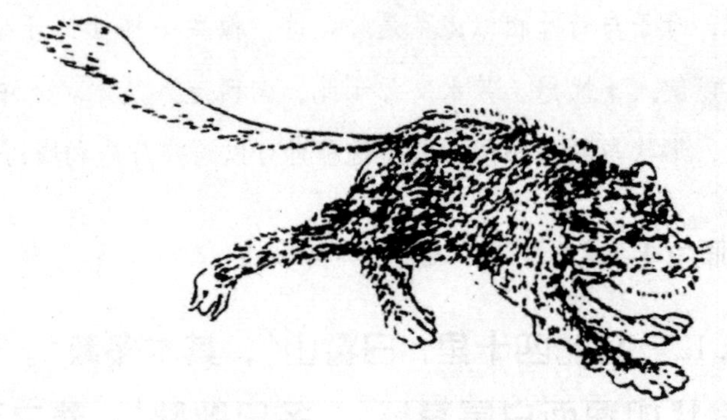

胐胐　清　汪绂图本

【译文】

再往北四十里有座山，名叫霍山。山中的树木多为构树。山中有一种兽，它的形状似山猫，长着白色尾巴，颈部长有长毛，这种兽名叫胐胐。人们饲养它可以治疗忧愁。

胐胐（蒋本）

【原文】

5.13　又北五十二里，曰合谷之山[1]，是多薝棘[2]。

【注释】

[1]合谷之山：合谷山，在今山西中南部。

[2]薝（zhān）：薝卜。棘：酸枣树。

【译文】

再向北五十二里有座山，名叫合谷山，山中长着很多薝卜和酸枣树。

【原文】

5.14　又北三十五里，曰阴山[1]，多砺石、文石[2]。少水出焉[3]，其中多雕棠[4]，其叶如榆叶而方，其实如赤菽[5]，食之已聋。

【注释】

[1]阴山：山名。一说指绵山，在今山西灵石县、沁源县交界处。

[2]砺：粗磨刀石。

[3]少水：水名，发源于山西沁河。

④雕棠：植物名。一说疑是狗骨。

⑤菽（shū）：豆类的总称。

【译文】

再往北三十五里有座山，名叫阴山，山中有很多磨刀石和带花纹的石头。少水由此处发源，这一带长着许多雕棠，它的叶子与榆树叶相似，呈四方形，所结的果实如红豆一般，吃了它可以治疗耳聋。

【原文】

5.15　又东北四百里，曰鼓镫之山①，多赤铜。有草焉，名曰荣草，其叶如柳，其本如鸡卵②，食之已风③。

【注释】

①鼓镫（dēng）之山：鼓镫山，在今山西境内。

②本：草的茎或树的根。

③风：指中风、痛风等。

【译文】

再往东北四百里有座山，名叫鼓镫山，山中有很多铜。山中生有一种草，它的名字叫荣草，它的叶子似柳叶，茎干如鸡蛋一般，吃了它能治疗中风、痛风等病症。

【原文】

5.16　凡薄山之首，自甘枣之山至于鼓镫之山，凡十五山，六千六百七十里。历儿①，冢也②，其祠礼：毛③，太牢之具④，县以吉玉⑤。其余十三山者，毛用一羊，县婴用桑封⑥，瘗而不糈。桑封者，桑主也⑦，方其下而锐其上，而中穿之加金。

【注释】

①历儿：指历儿山。一说即历山，在今山西永济市境内。

②冢：大，这里指大的山神。

③毛：用于祭祀的带毛的动物。

④太牢：古代祭祀天地，以牛、羊、猪三牲具备为太牢。

⑤县：同"悬"，悬挂。吉玉：彩色的玉。

⑥婴：颈上的饰物。桑封：以桑为祭祀对象。

⑦桑主：一说以桑为神主。

【译文】

总计薄山山系中的山，自第一座甘枣山起到鼓镫山止，共有十五座山，距离为六千六百七十里。历儿山是大的山神居住之地，祭祀这座山山神的仪式为：在毛物中，用猪、牛、羊齐全的三牲作祭品，上面悬挂吉玉献祭。祭祀余下的十三位山神的仪式为：用一只羊作为祭祀用的毛物，用带有彩色花纹的圭作为悬挂在山神颈上的饰品，祭礼完毕后，把它们一起埋入地下，（祭祀时）不用精米。所谓藻珪，就是指藻玉，它下端呈方形，上端呈尖状，中间穿孔后再用金加以装饰。

二、中次二经

【导读】

《中次二经》记载了从辉诸山到蔓渠山共计九座山的位置及物产。它们大致位于今河南境内。经中记载了各种让人难忘的奇兽。如：四翅能预测大旱的鸣蛇，豹身鸟翅能预测大水的化蛇，人面虎身的马腹兽。

【原文】

5.17　中次二经济山之首[1]，曰辉诸之山[2]，其上多桑，其兽多闾麋[3]，其鸟多鹖[4]。

【注释】

[1]济山：山系名。一说指济水所出的山。

[2]辉诸之山：辉诸山。一说在今河南境内。

[3]闾（lǘ）：兽名。一说即羭，指黑色的母羊。

[4]鹖（hé）：鸟名，雉类。

【译文】

中次二经中济山山系的第一座山，名叫辉诸山，山上长着许多桑树，山中的野兽多为闾和麋鹿，鸟类多为鹖鸟。

【原文】

5.18　又西南二百里，曰发视之山[1]，其上多金玉，其下多砥砺[2]。即鱼之水出焉[3]，而西流注于伊水[4]。

【注释】

[1]发视之山：发视山。一说在今河南登封市西。

[2]砥砺：磨刀石。

③即鱼之水：鱼水，古称"大狂水"。

④伊水：伊河，在今河南西部。

【译文】

再往西南二百里有座山，名叫发视山。山上有很多金和玉，山下有很多磨刀石。即鱼水发源于此山，向西流入伊河。

【原文】

5.19　又西三百里，曰豪山①，其上多金玉而无草木。

【注释】

①豪山：山名。一说指狼嗥山，在今河南登封市西。

【译文】

再往西三百里有座山，名叫豪山，山上有很多金和玉，不长花草。

【原文】

5.20　又西三百里，曰鲜山①，多金玉，无草木。鲜水出焉②，而北流注于伊水③。其中多鸣蛇，其状如蛇而四翼，其音如磬④，见则其邑大旱。

鸣蛇

【注释】

①鲜山：山名，在今河南嵩县境内。

②鲜水：水名，在今河南嵩县境内。

③伊水：伊河。一说在今河南西部。

④磬：这里指击磬。

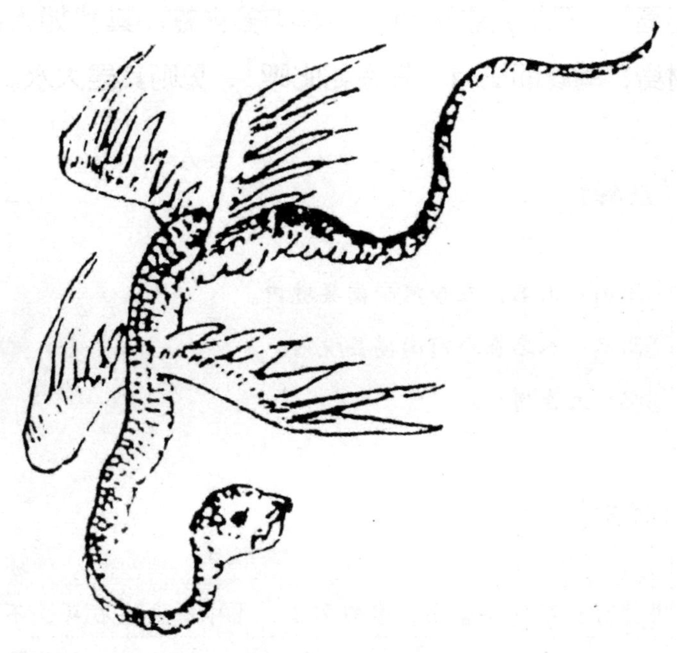

鸣蛇　清　汪绂图本

【译文】

再往西三百里有座山，名叫鲜山。山上有很多金和玉，不长草木。鲜水发源于此山，向北流入伊河。水中有许多鸣蛇，它的形状似蛇，但长着四只翅膀，发出的声音与敲磬时发出的声音相似。它出现在哪个地方，哪个地方就会发生旱灾。

【原文】

5.21　又西三百里，曰阳山[1]，多石，无草木。阳水出焉[2]，而北流注于伊水。其中多化蛇，其状如人面而豺身，鸟翼而蛇行，其音如叱呼[3]，见则其邑大水。

【注释】

①阳山：山名，在今河南嵩县境内。
②阳水：水名在今河南嵩县境内。
③叱：大声呵斥。

【译文】

再往西三百里有座山，名叫阳山，山中有许多石头，不长草木。阳水发源于此山，向北流入伊河。水中有许多化蛇，长着人一样的脸，豺一样的身子，鸟一样的翅膀，像蛇一般爬行游动，发出的声音像人在大声呵斥，它出现在哪个地方，哪个地方就会发生大水灾。

化蛇

化蛇　明　蒋应镐绘图本

蛮蚳

【原文】

5.22　又西二百里，曰昆吾之山[1]，其上多赤铜。有兽焉，其状如彘而有角，其音如号，名曰蠪蚔[2]，食之不眯。

【注释】

①昆吾之山：昆吾山，在今河南西部。
②蠪（lóng）蚔（chí）：传说中的一种兽。

蠪蚔　清　汪绂图本

【译文】

再往西二百里有座山，名叫昆吾山，山上有许多赤铜。山里有一种兽，形状与猪相似，头上长着角，发出的声音像是人的号哭声，这种兽名叫蚳，吃了它的肉就不会梦魇。

【昆吾山之铜】

昆吾山中出产一种铜，色彩鲜红，如赤火一般。用这种赤铜制成的刀剑锋利无比，削铁如泥。传说周穆王曾经攻打昆戎，昆戎便献了一把剑给穆王，这把剑锋利无比，据说就是用昆吾山的铜铸成的。

东晋王嘉的《拾遗名山记》中记载，越王勾践用白马白牛祭祀昆吾山的山神，然后采来山中的赤铜，混同八方之气，铸成了八把剑名。第一把叫掩日，用剑指着太阳，太阳也会黯然失色；第二把叫断水，用剑划水，水分开后不会再合拢；第三把叫转魄，用剑指着月亮，月亮也会翻个身；第四把叫悬剪，悬剑于空中，飞鸟碰到它，立即身为两段；第五把叫惊鲵，带着这把剑泛舟海上，鲸鱼也会躲着走；第六把叫灭魂，佩带它走夜路，不会碰到鬼魅；第七把叫却邪，妖精一看它到便动弹不得；最后一把叫真刚，用它削玉断金，就像削土木一样轻松。

【原文】

5.23　又西百二十里，曰蓬山[1]。蓬水出焉[2]，而北流注于伊水。其上多金玉，其下多青、雄黄[3]。有木焉，其状如棠而赤叶④，名曰芒草⑤，可以毒鱼。

【注释】

①蘮（jiān）山：山名，在今河南栾川县。

②蘮水：水名。一说即今栾川县的栾川河。

③青：石青。

④棠：棠梨。

⑤芒草：植物名，芒。

【译文】

再向西一百二十里有座山，名叫蘮山。蘮水发源于此山，向北流入伊河，山上有许多金和玉，山下有许多石青和雄黄。山中长着一种树，它形状似棠树，长着红色的叶子，名叫芒草，它可以毒杀鱼。

【原文】

5.24　又西一百五十里，曰独苏之山①，无草木而多水。

【注释】

①独苏之山：独苏山。一说在今河南栾川县西北。

【译文】

再往西一百五十里有座山，名叫独苏山。山中不长草木，

有很多水。

【原文】

5.25　又西二百里，曰蔓渠之山[1]，其上多金玉，其下多竹箭[2]。伊水出焉，而东流注于洛[3]。有兽焉，其名曰马腹，其状如人面虎身，其音如婴儿，是食人。

马腹

马腹　明　胡文焕图本

【注释】

①蔓渠之山：蔓渠山，一说指今河南栾川县的闷顿岭。

②竹箭：小竹。

③洛：洛河。

【译文】

再往西二百里有座山，名叫蔓渠山，山上有很多金和玉，山下生长着许多小竹。伊河发源于此，向东流入洛水。山中有一种兽，名叫马腹，这种兽长着人面虎身，发出的声音与婴儿啼哭声相似，能吃人。

【原文】

5.26　凡济山经之首①，自辉诸之山至于蔓渠之山，凡九山，一千六百七十里。其神皆人面而鸟身。祠用毛，用一吉玉②，投而不糈。

【注释】

①经：该字疑为衍文。

②吉玉：彩色的玉。

人面鸟身神

人面鸟身神　清　汪绂图本

【译文】

　　总计济山山系中的山，自首座山辉诸山起到蔓渠山止，共有九座山，距离为一千六百七十里。每座山的山神的形状都是人面鸟身。祭祀这些山神时都要用带毛的动物，并且用一块彩色的玉，把它投入山中，不用精米。

	《山海经》中名称	今　考
山海经 地　理 古今考	阳　山	河北嵩县境内，具体所指待考
	昆吾之山	河南的西部地带，具体所指待考
	荔　山	河南栾川县境内，具体所指待考
	独苏之山	河南栾川县西北，是嵩山的一部分
	蔓渠之山	河南栾川县的闷顿岭

三、中次三经

【导读】

《中次三经》记述了敖岸山到和山共计五座山的地理位置分布。它们座落在今河南省境内。山中生活着武罗、泰逢、熏池三位神人，经中描述了他们的相貌和祭祀这些神的礼仪。

【原文】

　　5.27　中次三经萯山之首[1]，曰敖岸之山[2]，其阳多㻝琈之玉[3]，其阴多赭[4]、黄金。神熏池居之[5]。是常出美玉。北望河林[6]，其状如茜如举[7]。有兽焉，其状如白鹿而四角，名曰夫诸，见则其邑大水。

夫诸

【注释】

①赍（bèi）山：山系名。一说今河南新安县西北的东首阳山。

②敖岸之山：敖岸山，在今河南渑池县西北。

③璒（tū）琈（fú）：美玉名。

④赭（zhě）：红土。

⑤熏池：传说中的神名。

⑥河林：黄河边的树林。

⑦茜（qiàn）：茜草。举：榉树。

夫诸　清　汪绂图本

【译文】

中次三经中山山系的第一座山，名叫敖岸山，山的阳面有很多琈玉，山的阴面有许多红土、黄金。有一位名叫熏池的神就住在这座山里。山中常常出产美玉。（从山的）北面可以望见黄河岸边的树林，远远望去，像是茜草或榉树。山中有一种兽，它的形状像白鹿，头上长有四只角，名叫夫诸。它在哪个地方出现，哪个地方就会发生水灾。

【原文】

5.28　又东十里，曰青要之山①，实惟帝之密都②。北望河曲③，是多驾鸟④。南望墠渚⑤，禹父之所化⑥，是多仆累、蒲卢⑦。魕武罗司之⑧，其状人面而豹文，小要而白齿⑨，而穿耳以鐻⑩，其鸣如鸣玉。是山也，宜女子。畛水出焉⑪，而北流注于河。其中有鸟焉，名曰鹠⑫，其状如凫⑬，青身而朱目赤尾，食之宜子。有草焉，其状如菅而方茎⑭、黄华、赤实，其本如藁本⑮，名曰荀草，服之美人色。

【注释】

①青要之山：青要山，在今河南境内。

②帝：黄帝。密都：秘密居住的行宫。

③河曲：黄河弯曲的地方。

④驾鸟：鸟名。

⑤埠（shàn）渚：地名。

⑥禹父：大禹之父，即鲧。

⑦仆累：蜗牛。蒲卢：田螺。

⑧魅（shén）：山神。武罗：神名。

⑨要：即"腰"。鐻（qú）：金属制的耳饰。

⑪畛（zhěn）水：水名，在今河南新安县境内。

⑫鹨（yǎo）：鸟名。

⑬凫：野鸭。

⑭蕠：兰草。

⑮本：草的茎或树的根。

鹨　明　蒋应镐绘图本

【译文】

再往东十里有座山，名叫青要山，这里其实是黄帝的秘密行宫。（从山的）北面可以望见河流的弯曲处，那里有许多驾鸟。南面可以看到埠渚，那里是大禹之父鲧死后化身为黄熊的地方，有很多蜗牛和田螺。有一个名叫武罗的神掌管着这座山，武罗长着人一样的脸，身上有豹一样的斑纹，腰身细小，牙齿

洁白，耳朵上戴着金属耳饰，发出像玉石碰撞一样（清脆）的声音。青要山对女子最为适宜。畛水发源于此山，向北流入黄河。山中有一种鸟，名字叫鹩，它的形状与野鸭相似，身子是青色的，眼睛是红色的，尾巴（也）是红色的，吃了它的肉有利于生育。山中有一种草，形状与兰草相似，茎干呈现方形状，开黄色的花，结红色的果实，这种草茎干像藁本，名叫荀草，人吃了它肤色就会变得美丽。

鹩

鹩　明　胡文焕图本

【原文】

5.29　又东十里，曰騩山①，其上有美枣，其阴有
璖珢之玉。正回之水出焉②，而北流注于河。其中多飞
鱼③，其状如豚而赤文，服之不畏雷，可以御兵④。

【注释】

①騩（guī）山：山名，在今河南新安县北。

②正回之水：正回水，在今河南孟津县西北。

③飞鱼：鱼名。

④兵：兵器。

【译文】

再往东十里有座山，名叫騩山，山上长着许多味道鲜美的
野枣，山的阴面有很多珢玉。正回水发源于此山，向北流入黄
河。水中有许多飞鱼，形状与猪相似，身上长着红色的斑纹，
食用它的肉就不怕惊雷，还能防止兵器的伤害。

【原文】

5.30　又东四十里，曰宜苏之山①，其上多金玉，
其下多蔓居之木②。潇潇之水出焉③，而北流注于河，
是多黄贝。

【注释】

①宜苏之山：宜苏山，在今河南省境内。

②蔓居：木名。

③潏（yōng）潏之水：潏潏水，在今河南孟津县界。

【译文】

再往东四十里有座山，名叫宜苏山，山上有很多金和玉，山下长着许多蔓居木。潏潏水发源于此山，向北流入黄河，水中有很多黄色的贝。

	《山海经》中名称	今　考
山海经地理古今考	青要之山	今河南新安县西北的东首阳山
	騩　山	河南省新安县北部
	宜苏之山	河南省孟津县境内

【原文】

5.31　又东二十里，曰和山①，其上无草木而多瑶、碧②，实惟河之九都③。是山也，五曲，九水出焉，合而北流注于河，其中多苍玉④。吉神泰逢司之⑤，其状如人而虎尾，是好居于萯山之阳，出入有光。泰逢神动天地气也⑥。

泰逢

【注释】

①和山：山名，在今河南西北部。

②瑶：美玉。碧：青绿色的玉石。

③河之九都：黄河九条支流的发源地。

④苍玉：灰白色的玉。

⑤泰逢：神名。

⑥动天地气：指改变天气。

【译文】

再往东二十里有座山，名叫和山，山上不长草木，有许多美玉和青绿色的玉石，这里其实是黄河九条支流的发源地。这座山有五个大的弯曲处，九条水流发源于此，汇聚一起后向北流入黄河，水中有许多灰白色的玉。一位名叫泰逢的吉祥之神掌管着这座山，他形状似人，长着老虎一样的尾巴，喜欢住在茇山的南面，出入时身上闪闪发光。泰逢神能兴云布雨，变换天地之气。

泰逢　明　胡文焕图本

【原文】

5.32　凡茇山之首，自敖岸之山至于和山，凡五山，四百四十里。其祠：泰逢、熏池、武罗皆一牡羊副①，婴用吉玉②。其二神用一雄鸡瘗之，糈用稌③。

【注释】

①牡羊：公羊。副（pì）：剖开。

②婴：颈上的饰物。

③稌（tú）：糯米。

【译文】

总计赀山山系中的山，自首座山敖岸山起到和山止，共有五座山，距离为四百四十里。祭祀这些山的山神的仪式为：（祭祀）泰逢、熏池、武罗三位山神皆用一只剖开的公羊，用彩色的玉作为挂在山神颈部的饰物。（祭祀）其余两位山神用一只雄鸡，祭祀时将雄鸡埋入地下，用糯米作祭祀用的精米。

四、中次四经

【导读】

《中次四经》记述了自鹿蹄山至灌举山共计九座山的地理位置和山川风貌。这些山位于今河南、陕西一带。

这列山系中有很多奇异的野兽，其中有长着一双人眼叫的兽，还有貌似恶狗身、长鳞片、背有猪鬃的。此外，山中还盛产金、玉、石青、雄黄等矿物，生长着能消肿的梧桐和可用作手术麻醉的曼德拉草。

【原文】

5.33　中次四经厘山之首①，曰鹿蹄之山②，其上多玉，其下多金。甘水出焉③，而北流注于洛④，其中多泠石⑤。

【注释】

①厘山：山系名。在今河南西北部。

②鹿蹄之山：鹿蹄山。在今河南宜阳县。

③甘水：水名。发源于今河南宜阳县。

④洛：即洛河。

⑤泠（līng）石：一种柔软如泥的石头。

【译文】

中次四经中的厘山山系的首座山，名叫鹿蹄山，山上有许多玉，山下有许多金。甘水发源于此山，向北流入洛水，水中有许多泠石。

【原文】

5.34　西五十里，曰扶猪之山①，其上多礝石②。有兽焉，其状如貉而人目③，其名曰𪊽④。虢水出焉⑤，而北流注于洛，其中多瓀石⑥。

麕

【注释】

①扶猪之山：扶猪山。在今河南宜阳县。

②礝（ruǎn）石：即瓀石。

③貉（hé）：兽名。形似狐狸。

④麕（yín）：传说中的一种兽。

⑤虢（guó）水：水名。

⑥瓀（ruǎn）：像玉一样的美石。

【译文】

向西五十里有座山，名叫扶猪山，山上有很多像玉一样的美石。山中有一种兽，它的形状与貉相似，长着人一样的眼睛，这种兽名叫。虢水发源于扶猪山，向北流入洛水，水中有很多似玉一般的美石。

麟　清　《禽虫典》本

498

【原文】

5.35　又西一百二十里，曰厘山①，其阳多玉，其阴多蒐②。有兽焉，其状如牛，苍身，其音如婴儿，是食人，其名曰犀渠。滽滽之水出焉③，而南流注于伊水④。有兽焉，名曰㺉⑤，其状如獳犬而有鳞⑥，其毛如彘鬣⑦。

【注释】

①厘山：山名。在今河南熊耳山中。

②蒐（sōu）：即茜（qiàn）草。

③滽（yōng）滽之水：滽滽水。在今河南孟津县境内。

④伊水：即伊河，洛河的支流，在今河南西部。

⑤㺉（xié）：兽名。一说即獭，分为水獭和旱獭。

⑥獳（nòu）：狗发怒的样子。

⑦鬣（liè）：兽类颈上的长毛。

獭

獭　清　毕沅图本

犀渠

【译文】

　　再向西一百二十里有座山，名叫厘山，山的南面有很多玉，北面有许多茜草。山中有一种野兽，它形状与牛相似，身子是青灰色的，发出的叫声如同婴儿的啼哭声，会吃人，这种兽名叫犀渠。滽滽水发源于此山，向南流入伊河。这一带有一种野兽，名叫獭，形状像发怒时的狗，长着鳞，身上的毛像猪颈部的长毛。

犀渠　清　汪绂图本

【原文】

5.36　又西二百里，曰箕尾之山①，多榖②，多涂石③，其上多㻬琈之玉。

【注释】

①箕尾之山：箕尾山。在今河南嵩县西北，今名神灵寨山。

②榖：应作"榖"，构树。

③涂石：石名。一说即泠石。

【译文】

再往西二百里有座山，名叫箕尾山，山中有许多构树，也有许多涂石，山上有许多琈玉。

【原文】

5.37　又西二百五十里，曰柄山①，其上多玉，其下多铜。滔雕之水出焉②，而北流注于洛。其中多䣛羊③。有木焉，其状如樗④，其叶如桐而荚实⑤，其名曰茇⑥，可以毒鱼。

【注释】

①柄山：今巧女寨山。在今河南西北部。

②滔雕之水：滔雕水。在今河南宜阳、洛宁一带。

③羬（qián）羊：一种野生的大尾羊。

④樗（chū）：臭椿树。

⑤荚：豆科植物的长形果实，亦指狭长无隔膜的其他草木的果实。

⑥茇（bá）：木名。一说是"艾"字之误，指艾草。

【译文】

再往西二百五十里有座山，名叫柄山，山上有很多玉，山下有很多铜。滔雕水发源于此山，向北流入洛河。山中有许多羬羊。还长着一种树，其形状像臭椿树，叶子像梧桐叶，结荚果，此树名叫茇，可以用来毒杀鱼类。

山海经地理古今考	《山海经》中名称	今　考
	伊　水	河南西部洛河的支流，即伊河
	箕尾之山	河南嵩县西北的神灵寨山
	柄　山	河南西北部的巧女寨山

【原文】

5.38　又西二百里，曰白边之山①，其上多金玉，其下多青、雄黄②。

【注释】

①白边之山：白边山。在今河南卢氏县。

②青：石青。

【译文】

再向西二百里有座山，名叫白边山。山上有许多金和玉，山下有许多石青和雄黄。

【原文】

5.39　又西二百里，曰熊耳之山①，其上多漆②，其下多棕③。浮濠之水出焉，而西流注于洛，其中多水玉④，多人鱼⑤。有草焉，其状如苏而赤华⑥，名曰葶薴⑦，可以毒鱼。

【注释】

①熊耳之山：熊耳山。在今河南西北部。

②漆：漆树。

③棕：棕榈。

④水玉：水晶。

⑤人鱼：指大鲵，俗称娃娃鱼。

⑥苏：紫苏。

⑦葶薴（dǐng）薴（nìng）：一种毒草，有可能是醉鱼草。

【译文】

再往西二百里有座山，名叫熊耳山，山上长着许多漆树，山下长着许多棕榈。浮濠水发源于此山，向西流入洛水，水中有很多水晶，还有许多娃娃鱼。山中长着一种草，形状像苏，开红色的花，名字叫荨藇，这种草能毒死鱼。

【原文】

5.40　又西三百里，曰牡山①，其上多文石，其下多竹箭、竹籥②。其兽多㧻牛、羬羊③，鸟多赤鷩④。

【注释】

①牡山：山名。一说在今河南卢氏县西。

②竹箭：小竹。竹籥（mèi）：即籥竹。

③㧻（zuó）牛：野牛。羬（qián）羊：一种野生的大尾羊。

④鷩（bì）：锦鸡。

【译文】

再向西三百里有座山，名叫牡山，山上有许多带有花纹的石头，山下长着许多小竹、籥竹。山中的野兽多为牛、羬羊，鸟类多为红色的锦鸟。

【原文】

5.41　又西三百五十里，曰讙举之山①。洛水出焉，而东北流注于玄扈之水②。其中多马肠之物③。此二山者，洛间也④。

【注释】

①讙（huān）举之山：讙举山。在今陕西洛南县西北。

②玄扈之水：玄扈水。在今陕西洛南县。

③马肠之物：一说即"马腹"，一说指蛙类所产成堆的呈带状的卵。

④洛间：夹在洛水之间。

【译文】

再往西三百五十里有座山，名叫讙举山。洛水发源于此山，向东北流入玄扈水。山中有很多马腹之类的东西。这两座山夹在洛水之间。

【原文】

5.42　凡厘山之首，自鹿蹄之山至于玄扈之山，凡九山，千六百七十里。其神状皆人面兽身。其祠之：毛用一白鸡①，祈而不糈②，以采衣之③。

【注释】

①毛：祭祀用的带毛的动物。

②祈：向神求福。

③采：有彩色花纹的丝织物。衣（yì）：用作动词，意思是穿，这里可以解释为包裹。

【译文】

总计厘山山系的首尾，自（第一座）鹿蹄山起到玄扈山为止，共有九座山，距离为一千六百七十里。每座山的山神的形貌皆是人面兽身。祭祀这些山神的礼仪为：用一只白鸡作为毛物，祭祀时不用精米，须把彩色丝织物裹在鸡的身上。

五、中次五经

【导读】

  《中次五经》记述了从苟床山至阳虚山的所处位置。经中说有十六座，实际只有十五座。它们大致分布在今陕西、山西、河南境内。山中植物种类丰富，有今天常见的芫荽、白、芍药、槐树、椿树以及麦门冬、通草等植物。山中还有一种三只眼睛的怪兽，叫𪇰鸟。

【原文】

5.43　中次五经薄山之首①，曰苟床之山②，无草木，多怪石。

【注释】

①薄山：山系名。

②苟床之山：苟床山。山名，一说在今山西永济市西南。

【译文】

中次五经中的薄山山系的首座山，名叫苟床山，山中不长草木，有许多怪石。

【原文】

5.44　东三百里，曰首山①，其阴多穀、柞②，其草多𦬸、芫③；其阳多㻬琈之玉，木多槐。其阴有谷，曰机谷，多𫛛鸟④，其状如枭而三目⑤，有耳，其音如录⑥，食之已垫⑦。

【注释】

①首山：山名。一说指今山西永济市的首阳山。

②穀（gǔ）：构树。柞（zuò）：柞树，又叫冬青。

③𦬸（zhú）：术（zhú）属植物如白术、苍术等的泛称。芫

（yán）：芫荽（suī），香菜。

④鴙（dì）鸟：传说中的一种鸟。

⑤枭：猫头鹰一类的鸟。

⑥录：可能指鹿。

⑦垫：湿邪、湿病，一种因低下潮湿引起的疾病。

鴙鸟

【译文】

向东三百里有座山，名叫首山。山的北面生长着许多构树和柞树，草类多为茉和芫荽；南面有许多㻬玉，树木多为槐树。山的北面有一条山谷，名叫机谷，谷中有许多鴙鸟，这种鸟形状与猫头鹰相似，有三只眼睛，有耳朵，声音像是鹿的鸣叫之声，食用它的肉可以治疗湿病。

茉

【原文】

5.45　又东三百里，曰县𪄲之山①，无草木，多文石。

【注释】

①县𪄲（zhú）之山：县𪄲山。一说在今山西绛县境内。

【译文】

再往东三百里有座山，名叫县厢山，山中没有草木，有很多带有花纹的石头。

【原文】

5.46　又东三百里，曰葱聋之山①，无草木，多石㻍②。

【注释】

①葱聋之山：葱聋山。中山首经已经考证葱茸之山为中条山山脉中山岭，此处可能为上文的重复。

②㻍（bàng）：通"玤"，一种次于玉的美石。

【译文】

再往东三百里有座山，名叫葱聋山，山中不长草木，有很多质地次于玉的美石。

【原文】

5.47 东北五百里，曰条谷之山①，其木多槐、桐，其草多芍药、䕠冬②。

【注释】

①条谷之山：条谷山。在今山西境内。

②薔（mén）冬：同"虋（mén）冬"，指天门冬和麦门冬。

【译文】

再向东北五百里有座山，名叫条谷山，山中的树木多为槐树和桐树，草类多为芍药、天门冬、麦门冬。

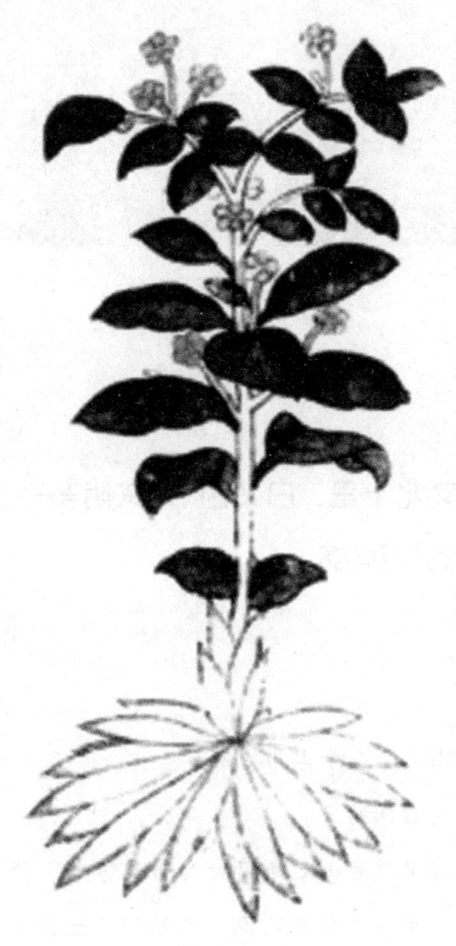

薔冬

天门冬

【原文】

5.48　又北十里，曰超山①，其阴多苍玉②，其阳有井③，冬有水而夏竭。

【注释】

①超山：山名，在今山西境内。

②苍玉：灰白色的玉。

③井：本书记载的山之所有皆为自然事物，而井是人工开挖的，所以这里的井应当指泉眼下陷而低于地面的水泉，因行似水井而得名。

【译文】

再往北十里有座山，名叫超山，山的北面有许多灰白色的玉，南面有一眼泉，冬天有水，夏季则干枯。

	《山海经》中名称	今　考
山海经 地理 古今考	苟床之山	山西永济市西南部
	首　山	山西永济市的首阳山
	县之山	可能在山西绛县境内
	葱聋之山	山西省境内的中条山山脉中山岭
	超　山	山西省境内太行山和中条山之间的山川

【原文】

5.49　又东五百里，曰成侯之山①，其上多櫄木②，其草多茆③。

【注释】

①成侯之山：成侯山。在今陕西省境内。

②櫄（chūn）：椿树。

③茆（péng）：即秦茆（jiāo）。

【译文】

再往东五百里有座山，名叫成侯山，山上长着许多椿树，草类多是秦芄。

【原文】

5.50　又东五百里，曰朝歌之山①，谷多美垩。

朝歌之山

【注释】

①朝歌之山：朝歌山。今河南淇县。

【译文】

再往东五百里有座山，名叫朝歌山。山谷中有很多优质垩土。

【原文】

5.51　又东五百里，曰槐山①，谷多金、锡。

【注释】

①槐山：山名。在今山西稷山县南。

【译文】

再往东五百里有座山，名叫槐山，山谷中有很多金和锡。

【原文】

5.52　又东十里，曰历山①，其木多槐，其阳多玉。

【注释】

①历山：山名。即为中山首经中的历儿之山，在今山西省阳城县和垣曲县交界处。

【译文】

再往东十里有座山，名叫历山，山中的树木多为槐树，山的南面有很多玉。

【原文】

5.53　又东十里，曰尸山①，多苍玉②，其兽多麖③。尸水出焉④，南流注于洛水，其中多美玉。

【注释】

①尸山：山名。可能在今陕西洛南县北。

②苍玉：灰白色的玉。

③麖（jīng）：马鹿。

④尸水：水名。

【译文】

再往东十里有座山，名叫尸山，山中有许多灰白色的玉，山中的野兽多为水。尸水发源于此，向南流入洛水，水中有许多美玉。

【原文】

5.54　又东十里，曰良余之山①，其上多榖、柞②，无石。余水出于其阴，而北流注于河③；乳水出于其阳，而东南流注于洛④。

【注释】

①良余之山：良余山。一说在今陕西华阴市西南；一说在今河南卢氏县境内。

②榖（gǔ）：构树。柞（zuò）：柞树。

③河：黄河。

④洛：洛河。

【译文】

再往东十里有座山，名叫良余山。山上有许多构树和柞树，没有石头。余水发源于此山的北面，向北流入黄河；乳水发源于此山的南面，向东南流入洛水。

【原文】

5.55　又东南十里，曰盅尾之山①，多砺石、赤铜②。龙余之水出焉，而东南流注于洛。

【注释】

①盅尾之山：盅尾山，可能在今陕西洛南县南。

②砺：粗的磨刀石。

【译文】

再向东南十里有座山，名叫盅尾山，山中有许多磨刀石和赤铜。龙余水发源于此山，向东南流入洛水。

【原文】

5.56　又东北二十里，曰升山①，其木多榖、柞、棘②，其草多薯蓣、蕙③，多寇脱④。黄酸之水出焉，而北流注于河，其中多璇玉⑤。

【注释】

①升山：山名。一说在今陕西华阴市境内。

②棘：酸枣树。

③薯蓣（yù）：即"薯蓣"，山药。蕙：蕙兰。

④寇脱：通脱木的别名，即通草。

⑤璇玉：美玉。

【译文】

再往东北二十里有座山，名叫升山，山中的树木多为构树、柞树和酸枣树，草类多是山药和蕙草，还长着许多通脱木。黄酸水发源于此，向北流入黄河，水中有许多璇玉。

【原文】

5.57　又东十二里，曰阳虚之山①，多金，临于玄扈之水②。

【注释】

①阳虚之山：阳虚山，在今河南洛宁县。

②玄扈之水：玄扈水，在今河南洛宁县。

【译文】

再向东二十里有座山，名叫阳虚山，山中有许多金，此山临近玄扈水。

【仓颉造字】

相传，在仓颉之前，人们一直结绳记事——大事就打一个大结，小事打一个小结，相关联的事就打一个连环结。后来又进一步发展为用刀子在木竹上刻符号记事。随着生产生活的发

展，结绳和刻木的方法已经远远不能适应人们日常需要，迫切需要创造文字来传情达意。

当时，有一个人叫仓颉，是黄帝的史官。传说他四目重瞳，聪明异常。有一年他到南方巡狩，登上了阳虚山，在附近的崮水、洛水之畔，忽见一大龟出现，龟背上驮着丹甲青文的天书献给仓颉，仓颉便以此为基础，创造了文字。又传说，仓颉造字成功后发生了一件怪事，白日天上下粟如雨，晚上能听到鬼魂哭泣。原来，仓颉造字成功，可以记载历史，传达心意，人们变得更聪明，思维更开阔，生产和创造能力都有了极大的提高，鬼魅从此再也无法主宰人的命运，只能在黑夜中哀声哭泣。

当然这只是一个神话传说，大概是仓颉造字之初，看到龟背上的花纹，引发灵感，又观察了天上的星宿分布，地上鸟兽虫鱼的足迹、草木器具的形状以及山川脉络，根据自然事物的形状描摹绘写，造出了种种不同的符号，就是最初的文字。

山海经动物古今考	《山海经》中名称	今　考
	枭	猫头鹰或与之相类似的鸟
	麖	马鹿

【原文】

5.58　凡薄山之首，自苟林之山至于阳虚之山，凡十六山，二千九百八十二里。升山，冢也[1]，其祠礼：太牢[2]，婴用吉玉[3]。首山，䰡也[4]，其祠用稌、黑牺太牢之具、蘖酿⑤；干儛⑥，置鼓；婴用一璧⑦。尸水，合天也，肥牲祠之；用一黑犬于上，用一雌鸡于下，刉一牝羊⑧，献血。婴用吉玉，采之⑨，飨之⑩。

【注释】

①冢：大。这里指大的山神。

②太牢：古代祭祀，牛、羊、猪三牲具备谓之太牢。

③婴：颈上的饰物。吉玉：彩色的玉。

④魋（shén）：神灵。

⑤稌（tú）：糯米。牺：祭祀用的毛色纯一的动物。蘖（niè）：酒母，制酒时所用的发酵物。蘖酿就是用酒曲酿造的醴酒，泛指美酒。

⑥干：盾牌。儛（wǔ）：跳舞。

⑦璧：平圆形中间有孔的玉。

⑧刉（jī）：割。牝羊：母羊。

⑨采：有彩色花纹的丝织物。

⑩飨（xiǎng）：用酒食招待客人；也指祭祀。

【译文】

总计薄山山系中的山，自首座山苟林山起到阳虚山止，共有十六座山，距离为二千九百八十二里。其中升山是大的山神居住的地方，祭祀其山神的典礼是：用猪、牛、羊三牲齐备的太牢之礼，用彩色的玉作为系在山神颈部的饰品。首山，是神灵所在的大山，祭祀山神时要用糯米，纯黑色的牛、羊、猪三

牲齐备的太牢之礼，美酒；祭祀者手持盾牌起舞，摆上鼓并敲击应和，用一块璧作为挂在山神颈部的饰物。尸水，与上天合一，要用很肥的牲畜来祭祀，用一只黑狗供在上面，用一只母鸡供在下面，再宰杀一只雌羊用血来祭献。用彩色的玉作为系在山神颈部的饰品，并将带有彩色花纹的丝织物披在山神身上，请神享用。

猰《山海经·南山经》中有"猰"。原文是这样的：
又东五百里，曰浮玉之山，北望具区，东望诸血比。
有兽焉，其状职虎而牛尾，其音如吠犬，其名曰猰，
是食人。

《烛龙》又名烛阴，也写作逴龙。人面龙身，口中衔烛，在西北无日之处照明于幽阴。传说他威力极大，睁眼时普天光明，即是白天；闭眼时天昏地暗，即是黑夜。其一，烛龙即太阳说，此说最古；其二，烛龙即火烛说；其三，烛龙为开辟神。

六、中次六经

【导读】

《中次六经》记述了自平逢山至阳华山共十四座山的地理位置和山川风貌。它们多数分布在今河南省境内。

经中记载了一位长着两个脑袋名叫骄虫的神。此外还记述了许多有药用价值的动植物，如鸰鸟、苦辛草及修辟鱼等。

【原文】

5.59　中次六经缟羝山之首①，曰平逢之山②，南望伊、洛③，东望谷城之山④，无草木，无水，多沙石。有神焉，其状如人而二首，名曰骄虫，是为螫虫⑤——实惟蜂、蜜之庐⑥。其祠之：用一雄鸡，禳而勿杀⑦。

骄虫

【注释】

①缟（gǎo）羝（dī）山：山系名。在今河南西北部。

②平逢之山：即今北邙（máng）山，在今河南洛阳市北。

③伊：即今伊河。洛：洛河。

④谷城之山：谷城山。在今河南洛阳市西。

⑤螫（shì）虫：尾部有毒针可刺人的虫。

⑥蜜：指蜜蜂。庐：房舍。这里指蜜蜂的巢穴。

⑦禳（ráng）：祈祷以消除灾殃。

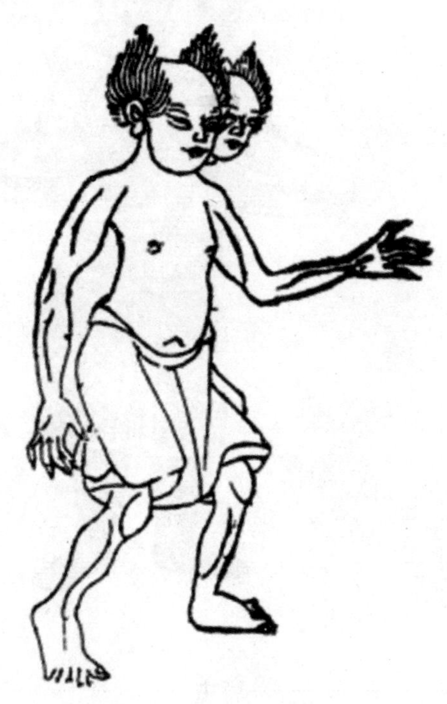

骄虫　明　胡文焕图本

【译文】

中央第六列山系缟羝山山系的首座山，名叫平逢山，（从平逢山的）南面可以看见伊河和洛水，东面可以望见谷城山，山中不长草木，没有水，有很多沙子和石头。山中住着一位神，其形状与人相似，长着两个脑袋，名叫骄虫，是螫虫——其实就是各种蜂包括蜜蜂的巢穴所在。祭祀这位神的方法为：用一只雄鸡作为祭品，祈祷时不要把它杀死。

【原文】

5.60　西十里，曰缟羝之山[1]，无草木，多金玉。

【注释】

[1]缟（gǎo）羝（dī）之山：缟羝山，在今河南洛阳西。

【译文】

向西十里有座山，名叫缟羝山，山中不长草木，有很多金和玉。

【原文】

5.61　又西十里，曰厱山[1]，其阴多琚㺿之玉。其西有谷焉，名曰蘿谷[2]，其木多柳、楮[3]，其中有鸟焉，状如山鸡而长尾，赤如丹火而青喙，名曰鸰鹟[4]，其鸣自呼，服之不眯。交觞之水出于其阳[5]，而南流注于洛；俞随之水出于其阴[6]，而北流注于谷水[7]。

鸰鹟

【注释】

①廆（guī）山：山名。即今河南洛阳市西谷口山。

②蘿（guàn）谷：山谷名。

③楮（chǔ）：即构树。

④鸰（líng）鹟（yào）：鸟名。一说指鹣鸰。

⑤交觞之水：交觞水，可能是今河南省洛阳市西的七里河。

⑥俞随之水：俞随水。在今河南洛阳市西。

⑦谷水：今河南渑池南渑水及其下游涧水。

鸰鹩　清　汪绂图本

【译文】

再向西十里有座山，名叫麃山，山的北面有很多瑪琈玉。西面有一条山谷，名叫藿谷，谷中生长的树木多为柳树和构树。山中有一种鸟，形状与山鸡相似，尾巴长长的，浑身红如丹火，嘴呈青色，这种鸟名叫鸰鹩，它叫起来像是在喊自己的名字，吃了它的肉就不会梦魇。交觞水发源于此山的南面，向南流入洛水；俞随水发源于此山的北面，向北流入谷水。

【原文】

5.62　又西三十里，曰瞻诸之山①，其阳多金，其阴多文石。渫水出焉②，而东南流注于洛③；少水出其阴④，而东流注于谷水。

【注释】

①瞻诸之山：瞻诸山。在今河南新安县境内。

②渫（xié）水：水名，源出今河南新安县。

③洛：洛河。

④少水：今磁涧河。

【译文】

再往西三十里有座山，名叫瞻诸山，山的南面有许多金，北面有许多带有花纹的石头。渫水发源于此山，向东南流入洛水；少水发源于此山的北面，向东流入谷水。

	《山海经》中名称	今　考
山海经地理古今考	平逢之山	今河南洛阳市北部的北邙山
	缟羝之山	今河南洛阳西部平逢山西北的小山
	瞻诸之山	在今河南新安县境内

【原文】

5.63　又西三十里，曰娄涿之山^①，无草木，多金玉。瞻水出于其阳，而东流注于洛；陂水出于其阴^②，而北流注于谷水，其中多茈石、文石^③。

【注释】

①娄涿（zhuō）之山：娄涿山，在今河南洛宁县和新安县之间。

②陂（pí）水：一作"波水"。

③茈：通"紫"，紫色。

【译文】

再往西三十里有座山，名叫娄涿山，山中不长草木，有许多金和玉。瞻水发源于此山的南面，向东流入洛水；陂水发源于此山的北面，向北流入谷水，水中有许多紫色的石头和带花纹的石头。

山海经动物古今考	《山海经》中名称	今　考
	蜂　蜜	蜜　蜂
	螫　虫	尾部有毒针可刺人的虫

【原文】

5.64　又西四十里，曰白石之山①。惠水出于其阳②，而南流注于洛③，其中多水玉④。涧水出于其阴⑤，西北流注于谷水，其中多麋石、栌丹⑥。

【注释】

①白石之山：白石山，也叫广阳山、渑池山，在今河南新安县境内。

②惠水：水名，在今河南新安县东北。

③洛：洛河。

④水玉：水晶。

⑤涧水：水名，在今河南新安县境内。

⑥麋（méi）石：画眉石。麋：通"眉"，眉毛。栌（lú）丹：一说指黑丹砂，一种黑色矿物；一说是红栌，现名黄栌。

【译文】

再往西四十里有座山，名叫白石山。惠水发源于此山的南面，向南流入洛水，水中有许多水晶。涧水发源于此山的北面，向西北流入谷水，水中有很多画眉石和栌丹。

【原文】

5.65　又西五十里，曰穀山①，其上多穀②，其下

多桑。爽水出焉③，而西北流注于谷水，其中多碧绿④。

【注释】

①榖山：山名，在今河南渑池县境内。

②榖（gǔ）：构树。

③爽水：水名，在今河南渑池县。

④碧绿：碧玉。

【译文】

再向西五十里有座山，名叫榖山，山上长有许多构树，山下有许多桑树。爽水发源于此山，向西北流入谷水，水中有很多碧玉。

爽水

【原文】

5.66　又西七十二里，曰密山[1]，其阳多玉，其阴多铁。豪水出焉[2]，而南流注于洛，其中多旋龟，其状鸟首而鳖尾，其音如判木[3]。无草木。

旋龟

【注释】

①密山：山名，在今河南新安县。

②豪水：水名，在今河南新安县。

③判：分开，这里指劈开木头。

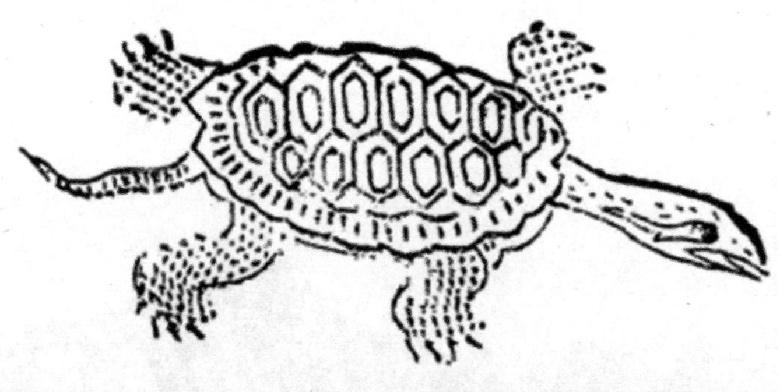

旋龟　清　汪绂图本

【译文】

再往西七十二里有座山，名叫密山，山的南面有很多玉，北面有很多铁。豪水发源于此，向南流入洛水，水中有很多旋龟，长着鸟一样的头、鳖一样的尾巴，发出的叫声像劈木头的声音。山中不长草木。

【原文】

5.67　又西百里，曰长石之山①，无草木，多金玉。其西有谷焉，名曰共谷，多竹。共水出焉，西南流注于洛，其中多鸣石[2]。

【注释】

①长石之山：长石山。一说即今河南渑池县天池山；一说在今河南新安县。

②鸣石：撞击后能传声很远的石头。

共谷

【译文】

　　再向西一百里有座山，名叫长石山，山中不长草木，有很多金和玉。山的西面有条山谷，名叫共谷，谷中长着许多竹子。共水发源于此山，向西南注入洛水，水中有许多鸣石。

共谷

【原文】

5.68　又西一百四十里，曰傅山^①，无草木，多瑶、碧^②。厌染之水出于其阳^③，而南流注于洛，其中多人鱼^④。其西有林焉，名曰墦冢。谷水出焉，而东流注于洛，其中多珚玉^⑤。

【注释】

①傅山：山名。在今河南渑池县西。
②瑶、碧：美玉和青绿色的玉石。
③厌染之水：厌染水。即今河南宜阳县北的厌染河。
④人鱼：指大鲵，即娃娃鱼。
⑤珚（yān）玉：玉的一种。

【译文】

再往西一百四十里有座山，名叫傅山，山中不长草木，有许多美玉和青绿色的玉石。厌染水发源于此山的南面，向南流入洛水，水中有很多娃娃鱼。山的西面有一片树林，名叫墦冢。谷水发源于此山，向东流入洛水，水中有很多珚玉。

【原文】

5.69　又西五十里，曰橐山^①，其木多樗^②，多楠

木③，其阳多金玉，其阴多铁，多萧④。橐水出焉，而北流注于河，其中多修辟之鱼，状如鼋而白喙⑤，其音如鸱⑥，食之已白癣⑦。

【注释】

①橐（tuó）山：今河南陕县东的积草山。

②樗（chū）：臭椿树。

③楢（bèi）木：木名。一说指五倍子。

④萧：艾蒿。

⑤鼋（měng）：蛙的一种。

⑥鸱（chī）：鹞鹰。

⑦已：治愈。

修辟鱼

修辟鱼　清　《禽虫典》本

【译文】

再向西五十里有座山，名叫橐山，山中树木多为臭椿树和楮树，山的南面有很多金和玉，北面有很多铁，还长着很多艾蒿。橐水发源于这座山，向北流入黄河。水中有许多修辟鱼，这种鱼形状像蛙，长着白色的嘴，发出的叫声像是鸱鹰的鸣叫之声，吃了它的肉可以治疗白癣。

【原文】

5.70　又西九十里，日常烝之山①，无草木，多垩②。潐水出焉③，而东北流注于河，其中多苍玉④。菑水出焉⑤，而北流注于河。

【注释】

①常烝（zhēng）之山：常烝山。在今河南陕县。

②垩（è）：可用来涂饰的有色土。

③潐（jiǎo）水：今名干头河。

④苍玉：灰白色的玉。

⑤菑（zī）水：水名。可能今名好阳涧。

【译文】

再往西九十里有座山，名叫常烝山，山中不长草木，有很多有色土。潐水发源于此山，向东北流入黄河，水中有许多灰白色的玉。菑水发源于此山，向北流入黄河。

【原文】

5.71　又西九十里，曰夸父之山[1]，其木多棕、枏[2]，多竹箭[3]，其兽多㸲牛、羬羊[4]，其鸟多鷩[5]，其阳多玉，其阴多铁。其北有林焉，名曰桃林[6]，是广员三百里，其中多马。湖水出焉[7]，而北流注于河，其中多珚玉。

夸父山

【注释】

①夸父之山：夸父山。在今河南西北部。

②棕：棕榈。枏：同"楠"，楠木。

544

③竹箭：小竹。

④㟝（zuó）牛：野牛。羬（qián）羊：一种野生的大尾羊。

⑤鷩（bì）：锦鸡。

⑥桃林：地名，在今河南灵宝境内的虢略河。

⑦湖水：水名。

【译文】

再向西九十里有座山，名叫夸父山。山中的树木多为棕榈和楠木，还长着很多小竹子。山中的野兽多是牛和羬羊，鸟类多为锦鸡。山的南面有许多玉，北面有许多铁。山的北面有一片树林，名叫桃林，这片桃林方圆三百里，林中有许多马。湖水发源于此山，向北流入黄河，水中有很多珚玉。

【原文】

5.72　又西九十里，曰阳华之山①，其阳多金玉，其阴多青、雄黄②，其草多薯蓣③，多苦辛④，其状如橚⑤，其实如瓜，其味酸甘，食之已疟⑥。杨水出焉⑦，而西南流注于洛⑧。其中多人鱼⑨。门水出焉⑩，而东北流注于河，其中多玄礵⑪。姑之水出于其阴缁⑫，而东流注于门水，其上多铜。门水出于河⑬，七百九十里入洛水。

阳华山

【注释】

①阳华之山：阳华山，在今陕西洛南县和华山之间。

②青：石青。

③薯蓣（yù）：山药。

④苦辛：细辛，草名。

⑤楸（qiū）：同"楸"，楸树。

⑥已：治愈。疟：疟疾。

⑦杨水：水名，可能为缋姑之水的支流。

⑧洛：洛河。

⑨人鱼：指大鲵。

⑩门水：今宏农涧，在今河南灵宝市西南。

⑪玄碡（sù）：黑色的磨刀石。

⑫缋（jí）姑之水：缋姑水，即今宏农县的右涧。

⑬出：一说应作"至"。

【译文】

再往西九十里有座山，名叫阳华山，山的南面有很多金和玉，北面有许多石青和雄黄，山中生长的草多为山药，还有许多苦辛，形状与楸木相似，结的果实像瓜，味道酸甜，食用后可治疗疟疾。杨水发源于阳华山，向西南流入洛水，水中有很多娃娃鱼。门水（也）发源于此山，向东北流入黄河，水中有许多黑色的磨刀石。缋姑水发源于此山的北面，向东流入门水，岸上有许多铜。门水从这里发源后流入黄河，经七百九十里流入洛水。

阳华山

【原文】

5.73　凡缟羝山之首，自平逢之山至于阳华之山，凡十四山，七百九十里。岳在其中①。以六月祭之，如诸岳之祠法，则天下安宁。

【注释】

①岳：指西岳华山。

【译文】

总计缟羝山山系中的山，自第一座山平逢山起到阳华山止，共有十四座山，距离为七百九十里。西岳华山就在这列山系中。每年的六月要祭祀山神，方法与祭祀其它山岳的山神相同，这样天下就会安宁太平了。

	《山海经》中名称	今　考
山海经 地　理 古今考	常烝之山	今河南省陕县的于山
	夸父之山	今河南省西北部的秦山
	阳华之山	在今河南洛南县至华山之间
	岳	今西岳的华山

七、中次七经

【导读】

《中次七经》记录了休与山到大山的地理位置和山川风貌。它们大致位于今河南省境内。

　　这列山中有许多奇草怪兽，如用来制箭的夙条、可疗毒的焉酸、吃了不生瘤子的无条，以及牛伤、嘉荣草等，还有三只脚的龟，舌头反生、尾巴分叉的文文兽栖息在山中。此外，经中还记录了天帝之女死后化身为䔄草、天愚神呼风唤雨的神话故事。

【原文】

　　5.74　中次七经苦山之首①，曰休与之山②。其上有石焉，名曰帝台之棋③，五色而文，其状如鹑卵④。帝台之石，所以祷百神者也，服之不蛊⑤。有草焉，其状如蓍⑥，赤叶而本丛生⑦，名曰夙条，可以为簳⑧。

【注释】

　　①苦山：山系名。一说自今河南伊川县绵延至中牟县。

　　②休与之山：休与山。一说在河南灵宝市。

　　③帝台：神名。棋：棋子；棋石。

　　④鹑：鹌鹑。

　　⑤蛊：毒热恶气。

　　⑥蓍（shī）：蓍草，俗名锯齿草、蚰蜒草，古人多用它的茎来占卜。

　　⑦本：草木的根或茎。

　　⑧簳（gǎn）：小竹子，可做箭杆。

蓍草

【译文】

中次七经山系苦山山系的首座山，名叫休与山。山上有一种石子，名叫帝台的棋子，它们五彩斑斓，并带有花纹，形状与鹌鹑蛋相似。帝台的石头是用来向百神祈祷的，服食它可以不受毒热恶气的侵袭。山上长着一种草，形状像蓍草，叶子是红色的，且茎干丛生，这种草名叫夙条，可以用来制作箭杆。

鹌鹑

【原文】

5.75　东三百里，曰鼓钟之山①，帝台之所以觞百神也②。有草焉，方茎而黄华，员叶而三成③，其名曰焉酸④，可以为毒。其上多砺⑤，其下多砥⑥。

【注释】

①鼓钟之山：鼓钟山。一说在今河南嵩县境内。

②觞（shāng）：向人敬酒，这里是设酒席招待的意思。

③三成：三重（叶子）。成：重叠。

④焉酸：草名。一作"乌酸"。

⑤砺：粗的磨刀石。

⑥砥：细的磨刀石。

【译文】

向东三百里有座山，名叫鼓钟山，这是天神帝台宴请百神的场所。山中有一种草，茎干为方形，开黄色的花朵，叶子呈圆形，有三重，名字叫做焉酸，可用来疗毒。山上有许多粗磨刀石，山下则有许多细磨刀石。

【原文】

5.76　又东二百里，曰姑媱之山①。帝女死焉，其名曰女尸，化为䔄草②，其叶胥成③，其华黄，其实如菟丘④，服之媚于人。

【注释】

①姑媱（yáo）之山：姑媱山，在今河南西北部。

②䔄（yáo）草：草名。一说指香蒲。

③胥（xū）成：相互重叠。

④菟（tù）丘：即菟丝子。

【译文】

再往东二百里有座山，名叫姑媱山。天帝的女儿就死在这座山上，她名叫女尸，死后化为蓄草，这种草的叶子都是相互重叠的，花朵为黄色，结出的果实与菟丝子的果实相似，服食这种植物会使人变得妩媚而讨人喜爱。

【女尸】

传说女尸就是天帝的小女儿媱姬。媱姬尚未出嫁就不幸身亡，死后葬在巫山上，成为巫山神女，就是中国古代传说中的爱神。

相传战国时，巫山神女爱慕楚襄王，便私自下凡与其相会。襄王见她容貌美丽，气质非凡，想要和她结为秦晋之好，却因仙凡相隔，未能如愿以偿。回宫后仍对神女朝思夜想。巫山神女见他一片痴心，就在梦中与襄王相见，告诉他说："我就住在巫山的南面，早上化为云，晚上变成雨，朝朝暮暮，都能看到我。"襄王醒来后，踏遍巫山，寻访佳人，却始终没能再续前缘，于是在巫山上为神女建了一座道观，寄托思念，称为"朝云观"。

【原文】

5.77　又东二十里，曰苦山①。有兽焉，名曰山膏，其状如逐②，赤若丹火，善詈③。其上有木焉，名曰黄

棘，黄华而员叶，其实如兰，服之不字④。有草焉，员叶而无茎，赤华而不实，名曰无条，服之不瘿⑤。

山膏

【注释】

①苦山：山名。一说在今河南省伊川县北。

②逐：同"豚"，小猪，也泛指猪。

③詈（lì）：骂。

④字：生育。

⑤瘿（yǐng）：长在颈上的大瘤子。

【译文】

再向东二十里有座山，名叫苦山。山中有一种野兽，名字叫山膏，它的形状与猪相似，周身通红如火，喜欢骂人。山上长着一种树木，名叫黄棘，开黄色的花，叶子圆圆的，结出的果实与兰的果实相像，服食了它就不能生育。山中有一种草，叶子圆圆的，没有茎干，开红色的花，不结果实，名叫无条，服食了它颈部就不会长大瘤子。

山膏　清　汪绂图本